U0659639

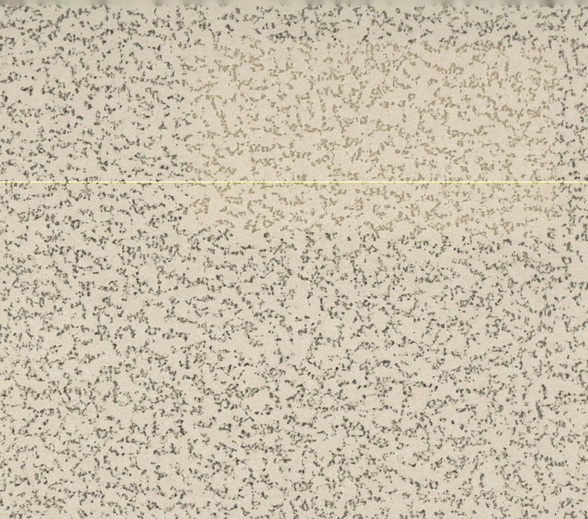

西樵歷史文化文獻叢書

南海九江朱氏家譜（六）

（清）朱次琦 纂修
朱宗琦

廣西師範大學出版社
GUANGXI NORMAL UNIVERSITY PRESS
·桂林·

南海九江朱氏家譜卷十

七世孫學懋初輯
十世孫昌瑶續脩
十五[illegible]
十六世孫士報
十五世孫士仁編校
十七世孫西長
十六世孫奎元捐刊 福元 顯元

藝文譜

經部　史部　子部　集部

昔叔孫穆叔論既歿而言立爲不朽非世祿謂也梁王筠與諸兒書亦云史傳稱安平崔氏汝南應氏並累葉有文才然不過父子兩三世耳非有七葉之中名德重

光人人有集如吾門者也汝等仰觀堂構思各努力烏虖穆叔世卿王氏江左甲族也迺若所言則寵祿榮膴不足以亢宗著述文章斯可以詒後古人志事信超然遠哉我祖爲元處士明興不仕以終厥後儒學蹶興人操珠璧至嘉隆以降卒大顯當是之時省邑志乘所著錄名家總集所選掄彪炳肴列霦霦如也不幸省垣明季之變湖州公府第淪沒篇籍多湮而侍郎司訓兩公舉義於鄉奮虞淵取日之忠犯萇叔違天之難身殲家踣宗族竄匕累傳文獻半就零落雖其間鴻篇鉅帙若德清詔獄之疏雁蕩十記之編或血誠披瀝忠丹貫日或文章瓌瑋擅絶當時亦終不可磨滅然已存十一於

千百矣是可歎也

聖清文軫遐播皀被海壖吾族翰藝日益興盖沐浴

膏澤薪傳家訓使然而著作失傳者亦往往而有今捜采撰

述之可考者仿隋書經籍唐書藝文二志例存佚胥列

於篇非侈也鄭漁仲謂古人編書皆列亡闕仲尼定書

逸篇具載亡書有録將來可據録而求或亡於彼而出

於此也然則眷懷手澤努力身名蘄至於立言不朽之

域蓋後人責哉作藝文譜

經部

周易闡微　九世英巨公環撰

據彭貞本傳脩

謹按明史藝文志凡藝文卷數無考者不錄謂疑信未定寧闕而不詳云然考之前史皆不然卽鄭氏通志藝文畧馬氏文獻通考經籍考亦不然也通志編次必記亡書論曰古人編書皆記其亡闕所以仲尼定書逸書具載王儉作七志已又條劉氏七畧及二漢藝文志魏中經簿所闕之書爲一志阮孝緒作七錄已亦條劉氏七畧及班固漢志袁山松後漢志魏中經晉四部所亡之書爲一錄隋朝又記梁之亡書自唐以前書籍之富者爲亡闕之書有所

系故可以本所系而求所以書或亡於前
而備於後不出於彼而出於此又闕書備
於後世論曰古之書籍有不足於前朝而
足於後世者觀唐所得舊書盡梁書卷帙
而多於隋蓋梁書至隋所失已多而卷帙
不全者又多唐人按王儉七志阮孝緒七
錄搜訪圖書所以卷帙多於隋而復有多
於梁者如陶淵明集梁有五卷隋有九卷
唐迺有二十卷諸書如此者甚多孰謂前
代亡書不可備於後代乎又亡書出於民
閒論曰古文尚書音今出於漳州之吳氏

陸機正訓今出於荊州之田氏按漳州吳氏書目筭術一家有數件古書皆三館四庫所無又師春二卷甘氏星經一卷漢官典義十卷京房易鈔一卷今世之所傳者皆出吳氏應知古書散落人間者可勝計哉求之之道未至耳

周易例一卷　十五世辰階公堯勳撰　採訪冊

詩經正義　七世性庵公學業撰　據九江鄉志脩

謹按唐志毛詩正義四十卷孔穎達等奉

詔撰唐輯十三經宋輯九經皆以爲注疏本久列學官似不宜復襲其名特經疏標目古原不以複見爲嫌卽如詩經類隋志有謝沈毛詩義疏又有張氏毛詩義疏又有舒援毛詩義疏又有蕭巋沈重毛詩義疏有雷次宗毛詩序義又有孫暢之毛詩序義有梁武帝毛詩大義又有失名毛詩大義焦氏國史經籍志亦有蘇子才毛詩大義三卷見通志藝文畧旣載孔氏毛詩正義又錄失名毛詩別集正義則襲用更不自性庵公始耳

禮記四十九篇 九世雲漪公宴撰

據阮解本墓誌修

謹按雲崙公注禮經不製標目自是訓詁家古法隋志禮記十三卷漢信都王太傅戴德撰禮記十卷漢北中郎將盧植注禮記二十卷漢九江太守戴聖撰鄭康成注禮記三十卷王肅注均無標目蓋注經初例如此

五經講解　五世綱齋公文錦撰

據曾仕鑑本墓誌修

經書講說　七世後溪公學濂撰

據南海縣志九江鄉志參修

黎刺史春曦日公博學篤行研究經史每得其要歸遠近

士奉爲矜式

廣東通志黎春曦南海縣人崇禎六年癸酉舉人十三年庚辰特用亦見九江鄉志

孟子評二卷 十五世辰階公堯勳撰

採訪冊

四書王意 七世性庵公學業撰

據九江鄉志脩

說文解字 八世白岳公完撰

據九江鄉志脩

明畫錄曰完工篆隸定許氏說文行於世

謹按鄉志本傳此書爲兩廣總督通州陳公大科聘脩事在萬歷三十年不立書名

與通志所載唐李陽冰刊定宋徐鉉刊定
之說文同

史部

史要九世英臣公環撰
據彭貞本傳脩

謹按隋唐志均有史要隋漢魏颯撰唐王延秀撰錢氏
絳雲樓書目有史要編又明梁夢龍著史
要編十卷見張氏述古堂書目亦在此書
之前

文昌縣志十卷十二世北渚公順昌撰
廣東通志文昌縣志十卷馬日炳脩朱順昌輯康熙戊戌順昌時任教諭

馬明府日炳序曰文邑志自吳興沈公釐定之後仁和何公又取而訂輯焉業成一邑全書可以備採風傳久遠矣顧邑之有志猶國之有史日新月異有事必書未可少有闕畧也計何公於我皇上御極之二十七年脩志以來歷今已三十載其閒山川風土猶然如昨而政令之沿革者有焉賦役之增損者有焉建置之廢興者有焉官紳幾人節孝幾人禎祥某事灾異某事蓋亦難於僕數矣使闕焉勿書前無以繼後無以徵守土者能無滋媿乎余初抵任閱邑志深歎沈何兩公甾心纂輯而於二十七年以後視事諸公未免有遺憾焉因於接見紳耆士庶時力爲諮訪凡二十七年以後未及志而應入志者悉以告我我

將不揣愚陋互相考訂求其確有據援就班按部增入卷末以補前人所未逮無如歷年久則知焉勿詳老成殁則無徵不信今雖博採遐搜附錄數事入卷然已什忘八九矣至余抵任後所躬行親歷之事一惟據實直書寧嚴毋濫寧質毋華不至同歸湮没而不可考庶使輶軒問俗得以知三十年來時事之可紀有如此而況何兩公纂輯深心或亦相得益彰云爾

廣東通志馬日炳鑲紅旗奉天人監生康熙四十八年任文昌縣知縣

九江鄉乘　八世石室公遐撰

據九江鄉志脩

黎刺史春曦曰公籍諸生博洽多聞論古今事皆有見時

留心鄉邑利害築入李邨圍實慮始有功輯鄉乘雖經亂殘闕而一段苦心不可沒黎春曦見上

石室志 八世白岳公完撰 據九江鄉志脩

謹按鄉志此書爲兵憲永春李公開芳聘脩又廣東郭通志亦公分纂非專書不錄

西江達海圖一卷 十五世畹亭公士琦撰 採訪冊亦詳面城樓文鈔

曾廣文釗曰朱君畹亭示釗西江達海圖潮連銀洲湖諸處皆兩岸爲石壩凡幾十道各幾百丈犬牙交出水不直

流委屈迴去築壩聚沙築海爲田年年衆積未知所届然後知水患洊至在海口不在圩隄而知此者惜乎其鮮也南海縣志曾釗道光五年乙酉拔貢亦見九江儒林書院題名

朱氏家譜一卷 七世龜臺公學懋撰

明萬歷丁丑本

朱氏族譜二卷 十世伊石公昌瑤撰

國朝康熙丙申本

公自序曰乙未之秋重陽先日與從矩姪孫語及族譜因憶庚申年余嘗有志於茲事聲聞遠方而未之逮不得其舊本故也從矩曰吾伯兄曾輯顒觀房世系全圖將送覽焉余願行往重陽冒雨求之得始祖至七世全譜龜臺公

之遺藁也一百四十年矣顯觀房世系全圖北渚姪孫之所纂輯也亦兩紀有奇矣若存若繹思兩房七世之後未有紀焉迺勵志詢訪或得之一方所存也或得之半簡所遺也其未錄者十猶七八也又數月不違至再至三不憚奔走然後彙至者始全焉夫搜求固甚艱又多有闕文今不之傳後恐遺誤是不可不授之梓也因祀祭而共捐貲以梓焉所以守先代待來茲奕世之後嗣而脩者於世系之井然循序以紀焉是故久而徵遠而詳所謂百世可知者其在於斯乎昔之人不吾欺也其重有懷乎其言也夫

其重有懷乎其言也夫

朱氏顯觀房世系全圖一卷　十二世北渚公順昌撰

國朝康熙
辛未本

沛國世紀一卷 十二世梅軒公春林撰

採訪
冊

族孫炎琦跋曰沛國世紀一卷上沙朱氏始祖獻謀府君下十二世文學太生先生纂曰沛國世紀者蓋仿唐盧藏用范陽家志之例舉郡望也其敘述按世次前後先臚本支附以族屬徵文考獻質而能覈伉而不誣事遠代湮所系信非淺尠其於先正官司所敭歷宦業所流傳以逮處士聲華名家著述與十八女英婦範壼德之昭昭聽覩者證諸三朝野紀四朝成仁錄南疆繹史南畧三藩紀事楚庭稗珠錄明畫錄廣州鄉賢傳廣州貞烈傳粵東金石畧廣

東新語粵東文海粵東詩海等書及省郡鄉邑諸志此本尙多闕畧或脫而未紀或紀而未詳又爾時　御批通鑑輯覽唐桂二王本末　欽定勝朝殉節諸臣錄尙未奏　御明史　欽定書畫譜雖奉令甲頒行鄉僻亦少傳播是故典型高於百代而劉察不及於目前誠有如李忠定所云者然手此一編誦先人之清芬溯流風而獨寫紹聞述德之士定有取焉道光二十一年龍集辛丑秋仲次琦謹跋

沛國世紀續一卷　十四世在橛公祥麐撰

採訪

冊

戶部籌餉政議九世松蘿公光允撰

據風操堂集脩

李太守際明曰近時嶺表士夫在官官書若吾縣潘公起鵬象山防寇錄新會何公熊祥平刑八議馬政事宜南海朱公光允吾縣黃公聖期先後在戶部籌餉政議潮州林公茂簡察眉錄均切理不夸飾者也

李際明見上墳塋譜

南順十一堡禦盜方畧一卷　十五世畹亭公士琦撰

採訪冊又詳梁紹獻本墓誌

公自序曰昔人有言天下之勢聚之則其氣日固而相親相愛之勢成散之則其氣日浮而相戕相賊之機伏至哉斯言千古治亂之源盡於此矣衰周之末人競富強井田

破壞微特周初比閭族黨之制亡郎管敬仲軌里連鄉之法亦卒無踵行之者緜延至於暴秦之後天下乖隔成俗蕩然無復先王親睦之遺蓋古法之陵夷二千餘年於茲矣嗟乎生今之世爲今之人欲井里之相親鄉閭之安堵舍妥行保甲詳議團守又孰從而致之我南順十一堡地控長江界連數縣爲五方之輻輳居百粵之下流土廣人稠言厖事雜雖保甲之法素所習聞而求其規畫完善緩急可恃者寥寥無幾郎鄉之縉紳先生及老成深識之士亦未聞以是爲要圖而籌議及之者烏虖此姦盗之風所以日滋而扞網鋌險之徒所以接迹橫行而無所顧忌也又何怪僕之攘臂其閒而區區欲以空言爲實事哉今海

內幸際昇平人歌淸晏思患豫防之道所宜亟圖論語云人無遠慮必有近憂易曰繻有衣袽終日戒又曰其亡其亡繫于苞桑書曰居安思危罔不惟畏弗畏入畏言豫防之道宜蚤也夫蚩蚩之氓旣不可與慮始而整齊風俗經制定法亦非耰鉏野老之責也然則按切形勢斟酌保甲所以聯宇縣如一室杜災變於未萌者謂非吾人所有事哉世之君子幸講求焉僕將拭目而覩康樂和親之化也茲編瑣瑣固無論矣嘉慶二十五年歲在庚辰八月

陳上舍志澄曰公居里閈殷憂桑梓沈慮有遠識嘉慶末嘗著南順十一堡禦盜方畧十一堡者東至黃連海東南至勒樓南至甘竹灘西南至九江西海西至南邨西北至

余郡岡邊北至西樵山北北東北至龍江東海大指謂我十一堡地控長江界連數縣爲五方之輻輳居百粤之下流土廣人稠言尨事雜謂宜按切形勢合爲一團方今海宇昇平人歌淸晏應聯宇縣如一室豫杜灾變於未萌云云又謂守禦之道在先悉形勢之險易次貴儲蓄之豐盈然後勁敵可摧吾圉可固此全團大勢西江最險以江流湍急瞬息千里急猝難備且冬春潦盡與海通波巨艦艨艟朝發夕至又界連數縣匪徒出沒蹤跡無常比之各衝尤爲喫重雖北有黃岡之阻南有海目之隘然決水灌圍乘霧沓至之患不可不防蓋人居雖密而風帆飄瞥策應爲難此來如脫兎敵不及拒所以爲兵家最忌也惟南路阻

河爲固且地隣空曠一目千丈則頗易提防耳東海地方雖非衝要但去邨太遠數十餘里惟蒲閭一角稍邇人煙雖龍江内地絡繹沙頭然此數千丈間聲援則固疏矣又況沙頭當北路之衝沿江守禦尙需它鄉協濟哉總而論之惟西北一帶密邇西樵緣山築圍易爲完繕即余邨地形窪下然離山百丈復有高阜可憑惟西北兩陸路爲全圍後戸要衝則不得不密爲防閑此全圍大勢也其書於圍中保甲操防聲援阨塞鑄造抽分儲偫諸法纖悉具備當時與人言多不省近年紅賊起諸鄉堡以渙散無備爲所乘輒糜爛不可振救蓋三十年而其言皆驗

梁侍御紹獻曰吾觀古之稱三不朽者立言與立德立功

並重余嘗讀君所著禦盜方畧謂南順十一堡地控長江界連數縣爲五方之輻輳居百粤之下流土廣人稠言厖事雜宜按切形勢合爲一團豫杜災變其書於團中保甲操防聲援阨塞鑄造抽分儲待諸法纖悉具備又於道光九年因西潦決桑園圍君約同志奏記當道籲請疏通下流痛除積害書上大吏咨嗟動色主者奉行不力事竟無成然指陳鑿鑿坐而言者實可起而行至於遇之通塞命也畹亭究何慊乎哉

陳志澄同邑人監生

梁紹獻見上墳塋譜

諸史斷釋　七世性庵公學業撰

據九江鄉志脩

謹按四庫全書提要史部以史評爲末編

子部

兵畧管窺三卷　九世英臣公環撰

據彭貞本傳黎遂球本集序參脩

從子國材曰公少聰穎讀書過目不忘及長淹貫經史好講求天下形勢阨塞嘗夢古衣冠老人授以武經自是遂於兵鈐著兵畧管窺三卷自謂得孫吳之祕然矜惜不輕以示人竟以數奇淹歿初公之未歿也宗族交游見其才而博學皆以世之所貴者期之而公顧未嘗自言其志於人迨至閣部陳文忠公舉義與家少司馬徵龕言曰君族兄英臣志士也才可用倘令伊人宛在則吾屬此舉可分

帷幄憂矣噫公往矣十餘年後猶令閣部臨事而追思之則其平日所蘊之才與未嘗自言於人之志無不畧抒也已

謹按公全集黎序此書原有陳文忠公子壯弁言今並佚

燕居日錄 七世後溪公學濂撰

據南海縣志九江鄉志參脩

虹岡漫錄　續錄 八世白岳公完撰

據羅浮山志梁漸子集參脩

謹按說部以漫錄名者始宋吳曾能改齋漫錄張邦基墨莊漫錄至明張志淯有南

園漫錄續錄明成宏間人見殆公名書所
自仿　明史藝文志

客話九世開雲公光衡撰
據九江鄉志闕名本墓誌參脩

謹按說部以客話名者宋黄休復有茅亭
客話十卷

拙齋雜錄九世英臣公環撰
據彭貞本傳脩

初學記八世白岳公完撰
據九江鄉志脩

謹按鄉志本傳此書亦兩廣制府陳公聘

脩又按四庫全書提要類書一門編列子部今從之

集部

石潭集 七世石潭公讃撰

據在璞文稿脩

謹按文獻通考引宋兩朝藝文志曰別集者人別爲集古人但以名氏命篇南朝張融始著玉海之號按古人集不制名秖云某人集若干卷隋志始有張融玉海集十卷金波集六十卷後人爭效制爲集名一家至有十數者爵里年氏各立意義或相重複而文亦不勝其繁矣又按明史藝文

志劉髦石潭集五卷（永樂時人）公集名蓋偶屬

逍遙齋稿　七世後溪公學濂撰

據南海縣志九江鄉志參脩

淸暉館稿　八世白岳公完撰

據粵東詩海羅浮山志南海縣志九江鄉志參脩

白岳山人全集　八世白岳公完撰

據古文粹羅浮山志梁漸子集參脩

古文粹曰萬歷間文人善能模範山水其著者區子叔永西樵游覽記朱子季美雁蕩山十景記皆膾炙人口蓋承平日久士紳裒屐類以託志泉林增益名勝爲樂其挾濟勝具者又務縋幽鑿險躡攫鳥渡以殫極其覩聞揮斥其

才思山川秀靈與文章天巧[illegible]相輝發信乎夐至於斯極也季美之文於酈道元注水經柳子厚記山水後不相沿襲忽莊忽俳倏起倏滅天鏤神鏤千類萬狀使人讀之忽笑忽嘑耳目眩轉頃刻之閒五色無主殆妙絶時人百年來僅作也

歐明經必元曰季美詩清婉有致

梁孝廉佑逵曰季美詩取適意渻質似元次山柬曠類陳白沙然時有極異者如感遇云美人在叢薄盛飾佩明璫容華曜朝日姣異世無雙含情采秋蕖薄暮不盈筐問女何所思所思離別長不怨離別長但憂年歲更日月既有時蘭桂各已芳寒燠相代謝木落天雨霜願爲歲晏吟將

意寄君旁昔有灌園士相偕萊子妻婉孌自有懷分得老
蒿藜艮時乖休明天路翕淸夷翩翩兩文禽戢翼思奮飛
一畨故山樹一望雲中涯南北各異勢顧影相徘徊遠道
去茫茫會合未有期吞聲念儔侶淚落不敢揮努力崇明
德暇以長相思閨怨云少年輕薄何去幾載音書未通江
頭朝朝暮暮愁中雨雨風風高妙何必讓古人也
黎刺史春曦曰公少嗜學及長精書畫爲古文詩詞才名
奔走海內嘗游金陵觀宮闕足跡遍天下到處鉅卿名彥
爭逢迎交驩筆花墨瀋寶若琬琰窮鄉曲巷蜃海雞林莫
不珍藏手蹟享天下盛名極人閒樂事王摩詰自稱夙世
詞客前身畫師公豈摩詰後身耶

粤東文海歐必元順德縣人貢生廣東通志梁佑逵順德縣人崇禎十二年己卯舉人黎春曦

見上

期適亭稿 八世箕作公疇撰

據南海縣志九江鄉志參脩

駿發閣集 八世箕作公疇撰

據南海縣志九江鄉志參脩

謹按鄉志本傳謂公文章聲價不在遇合閒講學中憲祠遠近士雲集莫不以通經學古爲高制府張公聘操選政守道魏公檄采地方事宜上書數千言皆石畫當事一一舉行據此則公文章久重當世矣然

兄子協蓮有辛丑公詩鈔跋云吾叔箕翁著作甚富長篇歌行近體俱盈巾笥因未授梓散佚非後人不珍惜也水火盜賊實有非意料所及者云云考辛丑爲　國朝順治十八年距公歿丙戌僅一紀有餘而著作已多不存蓋丁亥戊子間家難後失之也

自適軒詩賦全集 八世惺宇公繼鳳撰

據黄應秀本墓誌脩

黄觀察應秀曰公少穎異絶倫爲季父保昌司訓朱公潤期許弱冠綜羣書攻二十載著有詩賦全集中祕會公仕鑑

愛而奇之

黃應秀見
上墳塋譜

鑑咿集五卷　九世淨煥公伯蓮撰

據闕名本
墓誌脩

依園詠一卷　九世庇亭公協蓮撰

採訪冊亦詳
九江鄉志

黎刺史春曦序曰客夏余方撰鄉志備景止先哲懿德高風及捃攬名賢山川題詠洵快事也入冬灾生无妄蒙難穗城往返五閱月講古人內文明外柔順之道增益不能亦未始非快事也今初夏歸里朱庇亭示余園居舊詩并委爲序落莫中有把君詩過日之牽其爲快又當何如邪

夫詩本性情彼字句依傍纖媚爲工者無取誦其詩知其人如我庇亭具經綸天地之才而志存養晦知交廣而意氣眞步不踐過失之地鄉井恃賴殆二十年筆墨足以自樂多文爲富此依園詠其一臠耳陳秋濤先生嘗稱庇亭詩兼鮑庾之長莫能贊辭矣余少與庇亭諸昆皆莫逆交於庇亭重以姻盟三復茲編聊述其概不敢費辭或詒譏阿好也

黎春曦

見上

積雪軒集 九世微龕公實蓮撰

據廣東通志南海縣志粵東詩海參脩

冬冬春草 九世微龕公實蓮撰

據三朝野紀廣東通志南
海縣志九江鄉志參脩

吳忠烈公鍾巒序曰詩言心所之也心乎親者其言之乎
孝心乎君者其言之乎忠心乎民者其言之乎仁吾友子
潔氏令海溪著循廉聲忽詔獄尋詔釋之還其官所撰冬
春草言孝言忠言仁令讀者流連嗟歎而不容已因以知
其心焉先是其師李侍御仲達亦吾友也以觸璫詔獄所
撰有授命草亦言忠言孝言仁足令人嗟歎而不容已然
侍御之冤當其身不白也子潔幸遇聖明復得出以展其
大用凡所言忠言孝言仁慮無不可發而措諸事業者其
重勉乎哉侍御可謂有生友矣

三朝野紀曰崇禎十五年正月元旦諭各省十二年以前

一應存留起解上供本折錢價盡行蠲免又以江南荒旱許各府州縣以來抵漕百姓歡呼稱慶又從刑部侍郎惠世揚請豁免十二年以前贓罰銀兩又發帑金二萬賑山東先是十三四年蘇松常鎮四府皆大旱蝗蟲食苗民皆告饑浙西三府又大水爲災一望漂溺漕儲缺額征比無從而湖州一府尤甚十四年七月浙撫參德清崇德兩縣尤遲兌誤漕時政府方尙嚴急遂奉旨差緹騎拏解兩縣印官崇德令趙夔自縊死德清令朱實蓮逮至京下獄擬罪時漕事亦已報竣實蓮因具疏陳地方荒苦狀始得釋罪調用則屬宜興爲政矣朱君字子潔廣東南海人天啟辛酉方弱冠受知於先忠毅拔冠一經工詩文重氣誼屢

蹟春闈以薦舉授是官到任未一年也被逮後所著詩有

冬春草吳巒稚先生序之

陳文忠公子壯曰讀冬春吟忠孝之理一篇之中三致意

焉甚矣詩之善入人也

題名碑錄吳鍾巒直隸武進縣人崇禎

七年甲戌進士陳子壯見上祠宇譜

橫雲軒集九世微龕公實蓮撰

據南海縣志九

江鄉志參脩

春江詠九世微龕公實蓮撰

據南海縣志九

江鄉志參脩

西樵草九世微龕公實蓮撰

據南海縣志九

江鄉志參脩

謹按明志有方獻夫西樵稿五卷在公前

游息齋草　九世開雲公光衡撰

據南海縣志九
江鄉志參脩

黎刺史春曦曰公爲刺史凌霄仲子生而穎悟倜儻十歲作聞雷詩十二隨父任咸寧作送王父鄉旋詩皆已雋邁殊絶於人淹貫百家諸史古文詩詞游藝書法皆工闕名本墓誌序曰公尤工詩飄逸幽折有李謫仙之風

黎春曦
見上

獨游草　九世開雲公光衡撰

據南海縣志九
江鄉志參脩

象谷戲草　九世開雲公光衡撰

據南海縣志九江鄉志參脩

恨草 九世開雲公光衡撰

據九江鄉志脩

青樓怨一卷 九世開雲公光衡撰

據九江鄉志脩

黎刺史春曦曰公爲名妓某作青樓怨五千餘言一夕而成且日已刻成一帙傳誦雖古之子夜桃葉辭無以過

黎春曦見上

謹按此類辭章偶然游戲不編入正集最爲有識唐羅虬比紅兒詩一卷著錄各藝文志從古單行不入本集是其例也

守拙山人全集 九世英巨公環撰

據採訪冊黎遂球本集序參脩

鏤雲齋集 十世嘯峯公元英撰

據世紀脩

四古遺稿 十世四古公國材撰

據木蘭軒集脩

關檢討上進讀四古遺稿詩曰年來有淚爲誰枯已矣先生三載餘墳樹秖今堪挂劒州門曾此慟囘車廣陵久絶嵆生曲元草猶存漢代書卻恨名山藏慧業當時無薦似相如 廣東通志關上進南海縣人康熙六十年辛丑進士 亦見九江儒林書院題名

謹按四古公詩文集康熙末已失傳

江邨雜詠一卷　十二世北渚公順昌撰

據何如澄本墓誌脩

清署吟一卷　十二世北渚公順昌撰

據何如澄本墓誌脩

北行草一卷　十二世北渚公順昌撰

據何如澄本墓誌脩

海外集一卷　十二世北渚公順昌撰

據何如澄本墓誌脩

謹按廣東通志載蘇軾海外集四卷謂居

儋錄久佚後人采蘇集成是編今北渚公

集亦以海外爲名蓋任文昌教諭時作也

又按本墓誌公著述尚有古循閒囈一卷

南游紀行一卷不知其爲說部爲詩編未

見其書礙難編錄姑誌於此

植蘭庭遺稿一卷十四世南溟公程萬撰

採訪册

謹按南溟公平生撰著多隨手散佚不存

歿後其子士仁攟拾叢殘爲詩文一卷

又按公詩雖經散佚流傳不多然關明府

士昂集有贈公詩曰詩以寫性情力各有

强弱定必要求工反或致穿鑿膏沃光自

騰徑熟步不錯氣靡易放頹論卓多謇諤
風骨既高鶱鉛華悉刊落古色燦陸離深
情寓寄託要吐胷中奇肯隨階下諾少以
少見珍多亦多足樂拙始效眉顰僻迺用
注腳隻手領下探衆筆當前閣驚君錦作
囊羨君珠滿橐鐘鏞失凡響江河陋衆壑
雍容鸞鳳翔鬱勃蛟龍躍此事半天才膚
才動隔膜笑我太不量對君仍有作會當
總轡銜一叩君扃闢諒許賦嚶鳴不訝驚
庭鵲則當日文價固有定評

曉崖詩鈔一卷

十五世曉崖公光宇撰

採訪冊

香石詩話曰南海朱翼廷維垣蘇江晚望云水流山動影日落渚生寒二語甚工客舍聞雁句云別恨忽從天末起寒聲偏向客中聞又云此去莫多飛故國免教兄弟憶離羣意極深摯

謹按香石詩話著錄爲曉崖公少時應考之名然則詩亦蚤年作也

自得堂詩鈔一卷 十五世浚泉公深遠撰

採訪冊亦詳廖熊光本墓誌

谷泉吟草二卷 十五世晩亭公士琦撰

採訪冊亦詳陳士澄本行狀

北行集一卷　十五世曉亭公士琦撰

採訪冊亦詳陳志澄本行狀

謹按此集標目與北渚公詩集偶同俱計偕入都時作

南還集二卷　十五世曉亭公士琦撰

採訪冊亦詳陳志澄本行狀

鴻爪集一卷　十五世曉亭公士琦撰

採訪冊亦詳陳志澄本行狀

西行集一卷　十五世曉亭公士琦撰

採訪冊亦詳陳志澄本行狀

畱都集一卷　十五世曉亭公士琦撰

採訪冊亦詳陳志澄本行狀

息軼集一卷　十五世畹亭公士琦撰

採訪冊亦詳陳志澄本行狀

怡怡堂集四卷　十五世畹亭公士琦撰

採訪冊亦詳梁紹獻本墓誌陳志澄本行狀

廖孝廉亮祖序曰余讀東坡詩羨其兄弟之閒互相師友而於初別子由一篇一則曰豈獨爲吾弟要是賢友生再則曰使人之意消不善無由萌尤爲之感慕不置蓋讀東坡詩而子由之賢可知東坡之友愛亦愈可知矣今觀吾友畹亭先生遺集恍惚遇之憶余年廿三即與介弟子襄游因子襄遂得識先生并識隱石宜城既與先生暨子襄

同舉己亥鄉試交益密然其時雖已知先生能爲詩尚未得覩其全集也今歲在上章涒灘余假館獅江子襄挐舟來言曰伯氏歿將五年矣今謀梓其詩顧伯氏曩有言它日吾集序不當丐諸達官貴人當索諸知舊故敬以屬子余初愫然辭既不獲迺受其集盡讀之見其閒紀游諸作神施鬼設有似少陵感事諸篇詞直意激神似白傅其餘往來投贈閒居歡讌諸製大都取法在唐賢若宋以下卽非所屑者獨其篤念天倫繫懷同氣慨遠宦於子季欣治績之可紀誠懇之意流溢楮墨又當病困彌留猶欲結因來世則其詞雖不必與東坡同而情實相脗合是可觀吾子襄并可觀隱石宜城而先生之友愛益可見矣余既有

感於先生兄弟之際遂書之爲序儻亦即先生以怡怡名堂且以名其集之意歟先生爲人沈毅幹練年近四十始登賢書然用世之志不少衰故公車屢上竟以輪轅老窺其意蓋不欲以詩自名者然得此可以傳矣

集末絶筆詩弟次琦跋曰烏虖悲夫此吾伯兄晚亭先生屬纊前詩也兄自屬疾至於易簀神明不亂與之語未嘗及室家此詩初固未之見也蓋屬其姬人旣虞旣練日月漸遠迺出之烏虖孰謂吾兄愛弟彌留之際尚慇惜悼念至於此極矣乎誦其言百世後猶應酸鼻況余不肖何以爲心矣烏虖酷哉咸豐丁巳夏同懷弟次琦涕泣謹誌

羅侍郎文俊曰晚亭詩從漁洋歸愚兩家議論入不從兩

家議論出故湛思入古而其自得之妙不離於漢魏六季三唐風粲而自瀹性靈

張太守維屏曰晼亭孝廉晚作獨窺陶杜眞詮古律皆如果熟霜紅氣味老辣殆欲於前後五先生三家四子外別示宗風自成家數

又曰書品以澹古爲極境米元章翰墨冠一朝論者猶恨其過俊澹古未臻惟詩亦然晼亭晚年詩實有淸而不癯澹而彌旨與陶集爲化者遺懷云孤桐上無枝半死抱奇音牙曠不我遇空山誰見尋緪紘發逸響萬象涵高深佇月澹將夕淸商交茂林緬彼送遠情滌此塵外心巡檐散微步涼風送疎襟園菊盛開日賞無人悵然有作二首云

懶拙少生事蓺菊東籬閒今秋挺霜枝佳種粲以繁五色燿朝日九市頻相看悵無素心人清尊時往還相歡博一醉暫駐桑榆顏豈伊地僻遠樂意不相關待覓美霜螯寒英飽加餐遶徑雜花滿裛露爭新鮮淰淰白蕚秀灼灼朱華然霜風百卉悴地暖雨露偏數叢暎秋菊日鑄黃金錢老囊素羞澀足可誇耀仙豈惟笑口開直欲延頹年晚節慕陶公庶無物外牽甲子云垂老兀無成甲子倏已周迴首視白日崩波去不畱緬懷素心人畢景多山邱飄飄晚來秀蒼然成老儔大塊有息機分定非所求自恨蒲柳姿炎風已先秋淹忽閱人代榮名不自謀白太傅曰嘗愛陶彭澤文思何高元又怪韋蘇州詩情亦清閑竊謂此等詩

天機自運無意求工自然神出古異澹不可收洵白傅所謂高元也淸閑也催租二首云縣令四五至敦迫無休時匍匐白令言正供豈不思天吳肆漂虐雨暘時愆期連歲五失收比閭常忍飢冒雪劚野草涉冬鮮完衣官長面如霜判牒無稽遲公門知執法休令受鞭笞揚揚升輿去訴者泣路歧杪冬縣帖下力役粟米征有吏虎而冠目睅腹彭亨東郵夜捉人西舍雞犬鳴揮涕喻閭里努力完斗升汝近忍飢凍豈復堪笞搒刻膚豈不痛慮汝大命傾剜肉且醫創無令筆楚嬰宛肖老杜吏別諸篇近人亦無其對至述懷十五章諷諭深微感悕鬱勃逼眞漢晉流風愛棠錄五十四韻沈鬱縱宕有少陵奉先詠懷玉谿行次西郊

風力集中才情富健風調清深之作致多獨此類高跨一

時爲向來粤詩所少

楊太守從龍曰北江詩話陽湖洪亮吉撰明御史江陰李忠毅

獄中寄父詩出世再應爲父子此心原不閒幽明讀之使

人增天倫之重宋蘇文忠獄中寄子由詩與君世世爲兄

弟又結來生未了因讀之令人增友于之誼唐杜工部送

鄭虔詩便與先生成永訣九重泉路盡交期讀之使人增

朋友之風義唐元相悼亡詩惟將終夜長開眼報答平生

未展眉讀之令人增伉儷之情孰謂詩不可以感人哉愚

謂我朝能繼之者如魏環極尙書之老臣將去塡溝壑何

日重來拜翠微卅載承恩無寸補鐘鳴漏盡尙依依錢籜

石侍郎之兒時我母教兒地母若知兒望母來二十四年何限罪百千萬念不如灰久已傳誦人口又張船山太守將謀乞假出齊化門哭四妹筠墓句曰日下重逢惟斷冢人間謀面賸來生人到自憐天亦悔生無多日死偏長令人讀之悽斷欷歔增人倫之重至若死生之際篤念天親尤非性根純固者不能吾粤朱孝廉士琦有絕筆詩自序云吾弟孝友性成筆不備述東坡云與君世世爲兄弟又結來生未了因三復斯言不知涕之何從也詩曰生無善狀死何悲化去翻令衆垢離獨有深情忘未得離魂常繞鶺鴒枝正當與陸放翁死去原知萬事空但悲不見九州同王師北定中原日家祭無忘告乃翁一忠義一友愛並

有千古也

題名檔册廖亮祖順德縣人道光十九年己亥舉人楊從龍大埔縣人道光十一年辛卯舉人

題名碑録羅文俊廣東南海縣人張維屏廣東番禺縣人俱道光二年壬午進士

謹按公所自編之詩有谷泉吟草二卷北行集一卷南還集一卷鴻爪集一卷西行集一卷留都集一卷息鞅集一卷寢疾時又屬其弟次琦重加删定合以未編稿本都爲怡怡堂集四卷今皆以著録

晼亭文存一卷 十五世晼亭公士琦撰

採訪册

謹按公文不編集殁後其弟次琦宗琦擔

摭所及見者爲一卷

名閨吟 八世箕作公疇配易氏撰

據九江鄉志來孫天瓊本墓誌參脩

蘭圃草 八世箕作公疇配易氏撰

據九江鄉志來孫天瓊本墓誌參脩

黎刺史春曦曰淑人易氏永昌太守道源女少讀書至老手不釋卷工詩歌善楷法事舅姑至孝訓子實蓮會蓮有陶母風甥大學士陳子壯嘗贈詩曰頡頏當年似舅人稱詩猶憶渭陽新不知方法操彤管嚚與班家仔細論余則謂方諸班大家似其文而行猶或過之

黎春曦

見上

謹按婦人集隋志漢班婕妤集按時代編次唐志則自漢曹大家以下至梁徐悱妻劉氏七人集置之漢魏六朝諸集之末較爲得體後世志藝文者多從之今仍其例又按鄉志列傳八世莘犂公妻李孺人亦讀書通大義能吟詠而著作無存

草堂詩餘 八世白岳公完撰

據九江鄉志脩

謹按鄉志此書爲方伯胡公心得聘脩

朱氏壎篪集 九世楚穀公璧英巨公環同撰

據從子國材英巨公墓誌脩

從子國材曰英巨公考惺宇公喜吟詠公視於無彤居恆與兄迭唱咸得其驪心壎篪集即公兄弟唱和以娛親之什也伯氏詩力追中唐沖澹有自得之致公詩則孤潔峭刻不蹈襲前人蹊徑亦足獨步一時

謹按古人昆弟能文一家辭賦播諸文苑以爲美談唐志所著錄有李氏花萼集李乂尙一尙貞韋氏兄弟集韋會弟弼竇氏聯珠集竇羣常牟庠鞏兩公蓋亦希風而起者而意摯承顏義歸將父立言益可貴重矣

朱氏傳芳集八卷

國朝咸豐庚申本

採訪冊

梁文學燿樞序曰蓋聞崑崙柱地導河者必轃其源泰嶽摩天因雲者羣栖其蔭自來金版鴻裁青箱世學石聲奏響於天水家錄振采於濳溪詩高世綵之編集美連珠之號以至蘭玉著錄花萼流聲莫不各擅門風炳垂册府然而平原世德至陸機而揚張懷縣家風待安仁之纂述范氏八儒穀梁集解於武子鄭門六藝問畣述志於小同不有人焉發皇油素摭拾叢殘啟舊篋之葡萄庀曩篇於棃棗安能懋先基而不墜託副墨以久存乎則有朱氏傳芳集者吾師子襄先生裒先世之宏文附名公之贈著手疏凡例屬其弟宜城明經鳩孱編次之者也朱氏爲四姓華宗九江甲族門成鼎甲貴代產名德人呼廉里地涌忠泉溯

嘉隆而崛起人文汔啟禎而彌工著作千篇食蹠璘斌史
乘之光萬卷雕龍焜燿名家之選固已較王筠之積帙七
葉猶多儗陳氏之齊名一編可合不牟中更兵燹洊歷亂
離烽搖糜竺之家霧卷張超之市或則一旅思奮排閶闔
以呼天或則五帥無歸墜虞淵而捧日河山滿目風景傷
心卵息僅延巢痕竟埽篋衍藏珍共珠囊而不見帳中鴻
寶與銀雁而俱飛東生十志罕復畧存謝監百篇多從煬
沒此則杜征南之碑淒其陵谷庾開府之集磨滅烽煙吁
其悲已既而
聖主當陽文軫遐播人矜蛇握隨沐日浴月以光生家有
鳳毛紹拔地倚天之璋作猶之縣黎旣軼池隍升繼起之

珍皇娥歲淹夷光薦代出之色所謂長離去而宛虹來曜靈淪而望舒睇美矣世家喬木洵兮南海明珠然而著述旣多闕遺不少未必元經終遭覆醬能無論語或以代薪蔡中郎當年篇翰付與何人張茂先疇昔見聞徒存博物斯又茫茫身後脈脈斯文扇奕葉之遺芬待後起之掜逸者也先生英襟命世古道照顔旣賦遂初言尋先業望九京之人遠懼二雅之道淹爰錄遺文綴存家乘此一役也有數美焉夫裂月撐霆之手鉤河擿洛之才類能交奏鏗耾獨炳符采而後嗣乏得筆得文之彥替人無接武布武之能遂令淵泉輟瀾球石停響光明美錦老兵旣裂以補袍散落零珠文士亦藉之作賊楹書鮮讀壁簡務燔是集

總妙門以彌羅仰謨觴而斟酌銘贊傳序包亮美於錙豪騷賦歌吟導幽悰於篇什傷往則情遙於祭狀切今則義蔚於論奏暉麗萬有榮鏡九宗遂使六詩三筆譽並彭城高摘濃熏名仍錢相於以覘彼通都副之延閣懸國門而不易惠宗公而罔恫其[illegible]及者一也文章之事作如牛毛傳如麐角震六丁之雹雷迺豪芒書一卷之書榮於今僕士有遺棄一世之務流連身後之名而全豹既亡吉光復閟將使嘔長吉之心肝而湘紈寡色洗西江之腸胃而綺札不芳更何以擢秀前徽鉤沈墜緒是集典冊高文固弁羣雅殘篇斷簡尤庇僅存積玉俾以成山碎金使之躍冶約束滔繩慮江陵之道盡撥罕碎屑出嬴政之灰餘丹

墨所栖精魂欲泣庶幾嘗鼎上之一臠猶思大嚼見雲中之寸爪便識之而君子表徵德脩念祖其不可及者又一也文體代降眞鑒斯難五服五章色分正閒八風八音聲別雅鄭燭龍銜照而熠燿亦遑其光雕虎炳文而狸狌或襲其貌鼏非古尺工量心犀善剖則僞體紛呈溺音騰沸去道益遠雖多奚爲而是集也杼軸性靈稟式經術號涔可羞博窺容氏之掌咫闡弗尙必稽仲尼之心統政事言語爲一科總節義文章而合轍非言中有物藻飾厭其虛車即弦外有音桐徽肖其遠致能超方格並應圜程以正宗眞氏爲師以開卷王昌爲戒是則愈質觀辭咸羨學林之渠左志右物皆繇選政之精其不可及者又一也至於

左思得皇甫贈言使所作風行海內孝穆與總持酬唱謂吾詩寄弟集中文者公器相得益彰矧屬傳家尤關數典核之古昔賀監歸鄉遭翁過宅魏公考德王氏家碑鈎勒成書班班往載況當日前喁後于之什更奕禩知人論世之符是集粲列斐然用彰貽厥比史家之附錄如莊子之外篇讀李杜光燄之作喜昌黎能識平生緬王裴閒適之吟想輞川特工唱和同心之言千載樂聞其聲欬孝子不匱一編永奠乎宗祊其不可及者又一也樞以菲材叨陪絳帳愧傳衣鉢愛叩莛鐘通德門高方仰藏山之盛製春風坐滿忽驚授簡於緜生命作引喤弁茲端牘欲使朱儒奮喙高譚清廟之筵黃鷇呌音妄議垂天之翼桀以爲愧

言恐無文嗟乎先生善誘不忘宰我之雕小子何知敢作
徐陵之序有同飲郭何當窺天

朱氏傳芳集凡例

一古者著書罕標義例自漢有春秋釋例公車徵士穎容撰魏有周易畧例王弼撰始以例言至杜預序其春秋經傳集解謂經之條貫必出於傳傳之義例總歸於凡遂有發凡舉例之說書標凡例此爲權輿迺者家集編摩何關著述而抗希微尚竊有別裁約貢數端用鐵首簡

一古人文字不以集名漢志載賦頌歌詩一百家皆不曰集晉分四部荀勖撰四曰丁部宋作七志王儉撰三曰文翰志亦未以集名也文集題稱始見梁阮孝緒七錄隋書經籍志以謂別集之名漢東京所刱屬文之士日衆後之

君子欲觀其體勢而見其心靈故別聚焉名之爲集然則

古所謂集迺後人聚集前人所作非作者自稱爲集也今

薈萃家言正符斯恉猥名曰集諒非覽言　一書目集部

有別集有總集其總集有總當世之集有總一家之集總

錄當世者始於文章流別晉摯虞撰後來集苑謝混撰集林劉義慶撰

其流也李善所謂搴中葉之辭林酌前脩之筆海是也總

錄一家者著於廖氏家集唐廖光圖撰後來王氏文獻錄王氏袞肇亶

佐譯希旦昺杲諸人作陳氏義溪世稿錄陳氏周棖振栖煒爐𨘙達諸人作其類也陸

機所謂詠世德之駿烈誦先人之清芬是也是編專輯上

沙朱氏著作聊便質懷匪云縣國揚搉古今銓衡雅俗夫

豈敢然　一古人文集秖以名氏命篇南朝張融刱加美

號融有玉海集十卷金波集六十卷而總集之玉臺珠英倣之徐陵有玉臺新詠崔
融有珠英學士集其在家集則李氏花萼集李乂尚一尚貞竇氏聯珠集
竇羣常牟庠鞏謝氏蘭玉集宋汪聞集謝安等十六人作咸緣義錫名者也若
夫傳芳之集編自洛陽相君錢惟演輯祖父以下作名曰錢氏傳芳集傳芳之
錄定於金華學士宋濂哀集家文名曰朱氏傳芳錄不揣弇陋濫與同稱
猶之解詁繫傳罔避雷同會要蒙求弗嫌數見思存竊比
儗媲非倫　一劉勰文心明詩先列昭明文選備錄詩歌
蓋詩即文也爾後文粹文鑑諸書唐文粹姚鉉撰聖宋文鑑呂祖謙撰稟承
靡異但姚氏惟取古風眞德秀文章正宗同呂氏兼選近體同源各
委稍別衡裁竊謂五言七言造端三百劉勰謂五言召南行露已肇半章孔
穎達謂七言如彼築室于道謀是其始唱排比聲韻具體梁陳陽湖趙氏謂陰鏗安樂宮新宮

實壯哉雲裏望樓臺一首竟是律體謂唐律不與漢魏同風則漢魏亦未與風騷合派徑涂日闢運會攸開觀其會通理無偏廢　一昌黎古文尊曰起衰王楊時體亦云不廢曰駢曰散兩藝分馳全椒吳氏謂一奇一偶數相生而相成尚質尚文道日衍而日盛暘谷幽都之名古史工於屬對覯閔受侮之句葩經已有儷言道其緣起略見源流沿流似分叩源即合所謂古文若膚不如駢體駢體有氣即是古文信也蕭選渾合不分於義爲古謹循往躅不復分門　一程試之文是稱帖括昔人總集閒亦兼收英華采取律賦極多文苑英華李昉宋白等編文鑑亦登經義數首其專書別見者則唐志之宋元嘉策通志之賦苑徐鍇所集律賦文獻通考之宏辭總類陸時

（雍刻）指南論（淳熙以前時文）擢犀策擢象策（元祐至紹興科舉場屋之文）皆專書也風簷所限晷刻成文置列藝林不無軒輊是集概不羼入別錄以行

一選家棄取古有微詮呂氏編宋文鑑朱子謂其有取於文理佳者有文雖不佳而事理可取者有文理且如此而衆人久以爲佳者有文理不甚佳而人賢名微恐其湮沒亦編一二者水心葉氏謂其鉅家鴻筆以浮淺受黜稀名短句以幽遠見收近世朱彝尊輯明詩綜或以詩傳人或以人傳詩大指在崇正抑邪與一代國史相表裏茲編錄止一家無斯干系然原集具存爰施決擇零篇散落必與甄尋固云手澤念先蓋亦匠心師古

一我上沙始祖（諱子議）爲元時處士明興不仕以終厥後儒學

蹶興盛於嶺表自嘉隆以迄啟禎幾如王筠所言明德重光人人有集省邑志乘所著錄名家總集所選掄可考而知也不幸明季省垣之變湖州公府第淪沒諱讃有承德第在會垣大市街五僊觀側篇籍多湮而侍郎學博兩公舉義於鄉侍郎諱實蓮　國朝賜謚烈愍舉義師殉難詳明史列傳　欽定勝朝殉節諸臣錄　御批通鑑輯覽唐桂二王本末及各志書學博諱名臣官高明訓導殉難詳沛國世紀身殲家蹈宗族竄亡累傳文獻半就零落雖其閒瓌瑋絕特之作亦自歷刼不磨然已存什一於千百矣可歎也今輒網羅存佚與　國朝以來之粲存者校錄於編其有續收竢登後集　一揚厲宗功光宣嗣德烜赫鴻懿多賴文字以傳薈合成書最徵傳守隋志有太原王氏家碑誄頌讚銘集二十六卷是其先聲後世風

流彌劭好事益多投贈則有朝彥過顧況宅詩編名臣贊种隱君書啟錄祥符諸賢與种放書牘艇齋師友尺牘南豐曾季貍師友書簡其子繼輯餞送則有賀監歸鄉集白傅歸東都詩哀弔則有考德集强至輯韓琦薨後祭文挽詩蘇明允哀挽壽言則有世綵集政和中廖剛曾祖母祖母享年最高俱及見五世孫剛作世綵堂奉之人爲賦詩靡不瑱瑱炳炳焰燿來兹它如士大夫篇詠唱酬出風入雅若漢上題襟松陵唱和諸冊又不勝數矣式東古誼畧與搜求都爲外集一德施文選不錄生存孝穆玉臺並登見在竇常謂文選以何遜在世不錄其文其人既往然後其文克定故所攟拾皆前人作也謹按論人以蓋棺而允譚藝亦以沒世而公去畋名學士之謿譏就公是先生之筆削勿矜譁世遂

議藏山竊以不登見在爲正其存歿之例正集以作者爲斷外集以所爲作者爲斷

梁燿樞順德縣諸生

謹按本譜藝文不列見存人撰著示公也是集雖近時編輯而集中登選悉非見在之人即外集詩文所爲作者亦皆已故舉無標榜之嫌且一家文獻所系與尋常詩文選本不同不可不亟爲臚載　國朝乾隆中開四庫館不收見存人著作而其時所脩官書並皆著錄即其例矣

南海九江朱氏家譜卷十終

南海九江朱氏家譜卷十一

七世孫學懋初輯

十一世孫昌瑶續脩

十五世孫士
十六世孫士報
十五世孫士仁編校
十七世孫西長
福元
十六世孫奎元捐刊
顯元

家傳譜　世傳　外傳附

夫鼎有銘何謂也爲子孫者論譔其先人之美德善功烈勳勞慶賞聲名列於當時傳於後世是故銘之也夫家有傳狀何謂也爲子孫者論譔其先人之美上以移

太常牒史館下以垂譜錄訓子孫是故著之也然則三代之銘漢魏以來之傳狀其趣一也且昔者先王旌善之典嘗備矣王勳國功載在盟府太史內史受其貳而藏之而邦甸之遙閭胥書其敬敏任卹族師書其孝悌睦婣黨正書其德行道藝鄉大夫大比而獻其賢能登於天府內史貳之是以鶉居陋處之士嘉言懿行咸達史官嬴劉代降史職曠絕而私傳迺興太原王氏漢南庾氏等家傳虞氏家記范氏世傳紀氏家紀明氏世錄志藝文者不絕書然傳會無稽爲後人口實蓋亦多矣顏師古漢書眭孟傳注云私譜之文家自爲說事非經典妄相假託無所取信寧足據乎晁公武郡齋讀書志謂李繁錄其父泌崔允錄其父慎由事皆鑿空妄言無異莊周鮒魚之談賈生服鳥之對唐書取之反亂正史

我遷祖諱元龍府君之南下也歲歷綿曖行實失傳明時金大參節以謂公輕財樂施克恢堂構見白川公行狀則慶基自遷祖始矣始祖獻謀府君峻處士之節易世不渝忠清遺澤佑啟百代是後國史所登方志所錄爛然耳目間不待家牒而知也而家牒所收亦多闕今輒攟拾其所及知者討論而列於篇詎云美備要惟兢兢於信而有徵不敢蹈鑿空傅會之咎斯已矣烏虖地望何常纘承爲貴天中記曰謝氏自江左以降雅道相傳景恆澹景仁裕以德業傳美景懋純景先述以節義流譽方明行已之度元暉藻績之奇各擅一時可謂德門矣史又謂袁朗先世淑顗粲皆唱義聲殉國難朗自以人地雖

琅邪王氏多公卿特累朝佐命有功鄙不與伍朗孫誼亦曰門戶者歷世名節爲天下所高老夫是也山東人尙婚媾重利祿何足道哉此則以節行爲階資賢於矜門第者遠矣烏虖後生其鑒於茲作家傳譜

世傳以宗支爲次

始祖獻謀公

始祖諱子議字獻謀遷祖諱元龍公次子也宋度宗咸淳十年正月遷祖初抵南海九江愛其土沃民淳遵上沙里止焉或傳遷祖繇保昌南下先止邑東南太艮都後徙九江也逮公始著籍詳姓族源流公長於元老於明憑基造家克承先志緒業隆起豐饒振里中矣始著籍時孤生定居羣望未附公出與周旋

性量恢宏辭氣謙吉進止雍容甚可觀也里士大夫戚屬目下之內行脩舉與伯兄子誌悁悁友愛中外無閒言施及周親皆有恩紀初上沙富人關公與妻麥氏無子產女有淑德獨心重公故選嫁而自託焉謹按國朝嘉慶末族監生光宇濬池龜山陽古上沙故壤得宋元祐元年關聰石碑知上沙故關氏世居此碑見存縣志已錄 公眷懷存歿禮遇殷至展奠祭埽遂至今不絕方公莫齒值明祖龍興廣張天網設不為君用之罰公杖節貞固養晦邱園終身稱元處士厥後脩崇祠墓大元處士之稱子孫世世弗敢違也據楊瑞雲林坡公墓誌金節白川公行狀黃朝聘仰柏公墓表厚齋公宗元康熙乙酉鄉試卷世紀康熙丙申譜參脩

二世平夫公性夫公

平夫公諱原達始祖長子性夫公諱善達始祖次子平夫性夫

其字也平夫又號上沙皆有淯行同氣三人雍穆競勸家益蕃殖游里閈訓子孫姁姁早讓有萬石家數馬之風鄉父老常顧歎曰朱氏其世興矣據崔吉正夫公墓表採訪册參脩

二世正夫公

公諱稅達字正夫始祖三子也隱居不仕行積於家義信於鄉救菑振貧一方倚重人有外侮卒能禦之同縣雲南糧儲崔吉公來孫女夫謂公遭時承平優游泉石色養二尊左右無方可謂曰孝與兄原達善達從容怡愉居無迕言可謂曰友妻兄子李某幼孤露族惡謀簒其產公撫之如子觝巇伐交卒獲全濟可謂有恤孤之仁爲人剛毅沈嘿罔以貪慾自洿可謂有立身之義不出里巷四善備矣時論謂非私昵之言據崔吉本墓表世紀康熙丙申

譜參脩

三世寅齋公

公諱宗亮字允亮號寅齋上沙公長子也穎敏蚤成溫厚有醞藉未嘗以才氣加人以詩補南海廩膳生時學校初建大邑弟子勵二十人公出輒傾其曹偶洪武二十九年年二十一引吏例授階徵仕郎宣德七年卒壽五十七葬新會帽子嶺或傳公晚授館於帽子嶺鄉訓導有恩歿乞其地鄉人命曰先生冢過者起敬奉嘗久久不絕也據厚齋公宗元康熙乙酉鄉試卷世紀康熙丙申譜採訪册參脩

謹按明會典明史職官志從七品初授從仕郎陞授徵仕郎正九品初授將仕郎陞授登仕郎兩職迴異我家記載諸書均謂

公洪武二十九年丙子授徵仕郎階從七品墓誌祠主繫銜並同惟康熙丙申舊譜後傳作登仕郎殊誤今更正

三世隔川公

公諱南旺字允旺號隔川正夫公子也飛遯離俗娛志方外而任心平恕屢於羣議娶妻鎮涌馮氏生子毅置箔河清潘氏生二子般勉又繼室同里何氏生三子仕清仕和仕志公正誼刑家靡存偏倚人謂鳲鳩七子均養之義公其有焉天順二年卒年六十九據黃朝聘仰柏公墓表世紀康熙丙申譜參脩

四世南塘公

公諱仕清字願潔自署南塘居士隔川公四子也平居無疾言

遽色傔傔恂謹與物鮮迕里士郵𣆶人人識其長者猶子廷實生而失怙弟妻黃節行高奇公始終愍字之遂忘孤露桑園圍砥障西江洪武建隄後縣歷百年日形傾陁夏潦潰決產殖漂流公唱言脩繕增築下流遂董其役穫歲獲寧鄉人甚德之初公世席沃饒刻意詩禮霦霦以儒雅稱厥後裔緒蕃昌文學致身者相繼麻列論者謂三百年衣冠文物之盛先河蓋有自云宏治八年卒年五十二據關仰旒公所公墓誌金節白川公行狀黃朝聘仰栢公墓表世紀康熙丙申譜參脩

四世月塘公

公諱仕和字願中號月塘隔川公五子也以隱德表里中身範攸莊義方不替故子孫內外聞風興起者爲多宏治十二年卒

年五十四據曾仕鑑裕齋公墓誌世紀康熙丙申譜參脩

四世前塘公子誠齋公附

公諱仕志字顧佐號前塘隔川公六子也素履清致塵涔弗染然襟度豪放曠達不羈世道清平諸兄肯構公耕讀之餘洒遨游湖海以自適四方人士慕仰之如挹千頃之陂取厭拍浮莫能測其際也成化十八年遘疾卒年屬三十二妻黄氏同里太常少卿僉都御史重之姑守義六十年節行著朝野爲一時女士宗自有傳子廷實字國珍號誠齋亦端士以剛直聞據羅憲本墓表世紀康熙丙申譜參脩

五世蒙庵公子南所公兩岑公附

公諱光字德輝號蒙庵敬齋公長子也充郡學弟子員讀書覺

舍教官婢與所私爲賄遷計期於牆下公夜起婢聞履聲誤以盜金投牆外公拾得之旦日學署諠鬨聞教官嚄唶曰數年冷曹積奉金五百夜來爲姦人攫盡矣公悉數白歸之教官驚謝讓不受學使者聞其義旌以廩宏治九年卒年五十七二子人傑人侃人傑字汝才號南所彊幹立家第宅雲連與里人岑充紹皆以貲雄一鄉鄉人爲之諺曰汝才屋充紹穀人侃字汝直號爾岑以禮補郡廩生能文喜俠落落自豪人頗譏其尙氣然學使至咸器異之據九江鄉志世紀康熙丙申譜參脩

五世秋圃公秋澗公

秋圃公諱實字國大秋澗公諱瓚字國璋皆直塘公子也兄弟俱禮法士日以謹家誡誦書史相勖勉能庀嘗田脩世祀族望

最隆秋澗流連詩酒尤講樂生法舊譜秋圃公生於天順元年丁丑壽七十六秋澗公生於景泰七年丙子壽八十六弟先兄生歲月必有誤存疑竢考並以耆耋考終據康熙丙申譜脩

五世荔莊公

公諱敬字遜之號荔莊直庵公長子也守素循理有湻古風宏治十三年卒年五十六子世芳乞銘於其戚順德劉布政士奇劉公曰混沌既鑿有畏榮好古薄身厚志如荔莊者可銘也讀其狀見孫曾衆多文藻鬱起喟然曰昔人謂族大於子孫之才其荔莊謂乎吾無以逮之據劉士奇本墓誌脩

五世林坡公

公諱廷昭字國明自稱林坡山人南塘公長子也性慷慨重然諾一時薦紳與之游戶外屨常滿交游無顯晦有不執於義者

訟言折之輷輷嬌嬌聽者色怍羣嘩爲大聲公鄉隣有火盜警挺身赴難必先有鬭訟未決者譬解百端誠懇達顏面不已其爭不止焦然若疾疢之在身湯火之熠於肌膚也諳形家言嘗從容謂諸弟曰大洲鍾氣厚當出賢哲不然彼術書可燒也卒購地居之先是羣從在黌舍者七八人不一第值秋榜發公方弄孫遽作而歎曰天寧限我邪特人事未旣耳於是聘名師督程課諸孫髫年進學者三人嶄然露頭角迨公歿而科名仕宦烜赫冠一時後三十年郡邑士大夫澂江知府關學尹永昌知府易道源等謁其墓文曰樅枏豫章培殖於數十年後可棟標闕雕甍鴻濤鉅浸洊流於數千里外出自稗海蓬瀛蓋謂後人食庥廕也嘉靖十六年卒年六十七屬纊前一夕諭子女各退

獨嘑一僕具巾帨槃洗沐浴整衣冠坐正寢而歿其正性不亂如此據楊瑞雲本墓誌關學尹等祭文王宏誨白川公墓誌金節白川公行狀世紀康熙丙申譜參脩

五世公所公

公諱廷安字國寧號公所南塘公次子也生而氣岸號稱魁壘任俠好義有里豪攫人產愬於公公鳴鼓攻之竟反其業里豪撼公謂必行構陷公曰吾直在理遑恤其它卒鉏其虣者公力也以故鄉鄙中事無鉅細羣往受質嚴公甚於官司戶以糧長應役人咸苦之公曰往役義也迺命其子文捷孫學裕行而誠以終事族屬漸蕃議建寢廟奉享嘗庀宗事彌年不決公毅然曰是誠在我倡義鳩工不日而就其勤事勸功多類此靑田令同里關公仰旒謂公謹厚如石奮好義若太邱任俠本朱家彊

直近長孺不愧里中先逸矣先是南塘公窆西樵後數年公奉毋以祔啟穴得泉伏地痛哭命即發之或曰選日爲可否將有咎公號咷曰某無狀不能奉安先人體魄何以爲人矣有咎余自當之晨夜繭足荒山中數月卒獲兆於新會沙涌紗帽山既而公歿殯石頭亦不利相兆者僉嘖嘖於紗帽山前餘地衆議紛糾迺三析而鬮於南塘公之前公竟獲中壤遂改攢焉論者益謂公得永從先人於地下其純孝所感靡間存歿云嘉靖二十四年卒年七十二其改攢以萬歷三十一年據關仲旒本墓誌脩

謹按涌字余隴尹竦二切與湧同說文騰也又水名見水經詳上祠宇譜廣東新語以爲土人謂涌曰涌音衝衝也似秪望文生義

近世文家或嫌其不典易以沖濎等字殊失考唐書孝友傳王博武許州人會昌中侍母至廣州及沙涌口暴風母溺而死博武自投於水廣州刺史盧貞葬之表其墓曰孝子則涌字爲粤人方言著於史籍舊矣

五世逸夫公

公諱廷哲字國賢號逸夫南塘公三子也幼慧好學以易補邑弟子員顓邃有聲改連州庠丁外艱遂棄而歸晚歲更以毛詩三禮鳴日與鉅人長者游而於同里太常黄公重尤款密性嗜桮杓偕從弟廷實與太常過從飲酒花辰月序輒就醺醉如司

馬德操往入麗公家隤然不知誰爲主客也太常時語人曰坐中無逸夫誠齋終非雅會其見重如此家居勤惕夜分必褰帳幔而視之者三故家無怠政坦中樂施予懷其惠者至多訓子孫有成法廣設嘗田以寓激勸故宗人脩儒業者想望德教逾久不衰兄孫讃首決科筮仕自謂皆公所玉成也嘉靖二十五年卒年七十二據兄孫讃本墓表世紀康熙丙申譜參脩

謹按康熙丙申舊譜後傳謂公年七十七誤今據本墓表更正

五世絅齋公子明泉公孫萊洲公碧潭公附

公原名廷英字國俊更名文錦號絅齋月塘公長子也以詩充邑廩生端重有學丞負才名先達倫祭酒以訓鄧御史直卿咸

有人倫鑒偉公標格各賦詩許與引爲氣類謂我輩人也嘉靖四年歲貢廷試高第次年授廣西靈川訓導視事訓士一準於禮香山黃文裕公佐時爲督學重之考察文行爲粵西首下教喻諸生曰漢詔曰古之立學將以傳先王之業流化於天下也儒林之官四海淵源宜皆明於古今溫故知新通達國體故謂之博士否則學者無述焉爲下所輕非所以尊道德也今靈川學官某和載六德容包六行學窮典奧文奮鸞龍可謂克振師資如漢詔所求矣令各學弟子委贄事之歷職三年擢權興安知縣又調義寧政事練達吏民懷之按院李公奬曰講學以古人爲法居官以風化爲先化育春融士類翕然而遵化文章豹隱遠近赫然而見知攝尹二載將眞除矣公猶欲以上第取官

貧不就報陞簿書稍暇即退掩衙齋日手一篇不置竟以十年正月卒於官年五十四著有五經講解二子宗程紹魯孫學準學度學紀俱有學行宗程學度自有傳紹魯字東卿號明泉學準字平伯號萊洲更名湇西庠生學紀字綱伯號碧潭更名潤緜歲貢官保昌訓導善教有祖風埍曾應珪應珪子仕鑑外孫陳克侯關玉成克侯子善賡玉成猶子純皆儁穎取科第仕學有聲人謂公相攸之美黃公既心重公後二十餘年纂廣東方志猶惓惓述公事不忘也據九江鄉志外孫曾仕鑑本墓誌世紀康熙丙申譜參脩

五世裕齋公 子靜波公樂槃公附

公諱廷華字國用號裕齋月塘公次子也少嗜舉子業而能治家人產兄支錦宦粵西卒官季弟幼公所力產宅加楹田關晦

析而均之諸猶子事無鉅細諮而後行閨門之内雍雍如也從
孫知府讓幼孤公字之不勸讓每謂人曰成我者裕齋公也關
縣尹玉成未第時丁家難母公猶女恆力庇之里居好行其德
族喪不能舉曰吾不可爲麥舟荒歉有不舉火曰吾不可爲晏
子鄉衖讓服義聲聞郡邑一時搢紳耆碩如尚書何公維柏通
政倫公以諒布政劉公士奇參議張公拱辰御史何公宏知府
何公派行李公煒進士何公文邦俱侈譔詩文投贈然公故寡
酬應謝畏迻絶聲利嘗語所親曰士遇則馮不遇則蓬吾而完
寂葆眞敖睨邱壑得以吞吐風雲翕張日月可矣安能劻勷勷
勷羅役於世網邪安能解命殉名聞雞立馬憂讒畏譏伺人顔
色邪平生稀跡縣庭垂老不知辭訟徜徉盛世以處士終外孫

會仕鑑以謂處士生長先朝嶺海不聞枹鼓吏無虎政閙多淯俗老巖穴不可謂非季世之佩魚畜牸衣冠輿馬之縈臺榭綺玉之奉甚都也往往蹈危機而來詬詘孰與處士慕義無窮子孫世食其報哉公晚歲自營壽藏斵生棺嘉靖三十九年卒年七十六二子紹奭紹旦紹奭字道卿號靜波事繼母有孝行紹旦字道行號樂槃與兄比德時稱二難據崔吉本墓表曾仕鑑本墓誌從孫讓本行狀世紀康熙丙申譜參脩

六世愛竹公上林公

愛竹公諱人佐字汝艮上林公諱文貴字道顯二公同高祖昴弟平夫公元孫也愛竹父林叟公析產分三子一舊居一小申一學田公鬮得其舊見弟徽有安土重遷意慨然易居且曰吾

自樂彼風物淸曠也上林公居鄉鄙視下言徐終身無迕色議者謂友悌之難久矣如二公者可法也據世紀脩

六世同川公

公原名文祛更名鐸字道振號同川東昇公長子也充肇慶府庠生改原籍通方汎愛以善交聞據世紀脩

六世東里公

公諱世芳字時元號東里荔莊公長子也以易補連州弟子員遂研精象數審損益進退之指醇悃至孝宅考荔莊公憂三年弗御內事繼母任氏母初少恩公率婦闞夔齊負引慼見面顏恆以五鼓立寢門奉任起居漿酒醴醢嘗而後進廁牏中帬身自澣洒任負灑埽必躬必親母感至誠卒全天性鞠三弟疾痛

如一身田產弗論也弟世俊等亦事之如父時謂祥覽再生爲小宗宗子飭行爲族人先甘澹泊濟困窮不色吝既歿而里鄰誦思之同縣登州知府盧宁恆舉爲後進儀矱云據盧宁本墓表世紀參脩

六世蒲泉公

公諱文重字與充號蒲泉林坡公長子也爲人豁達不塹城府與人交握手如舊識性不嗜酒朋觴款洽必盡其驩委懷觀化偶值葩華春蔓時鳥變聲輒囅然色喜吟詠甚適視塵鞅羈縻泊如也諸子游庠拔萃登科歷官每吉語到門一笑頷之而已卒年八十六據世紀脩

六世白川公

公諱文直字與剛號白川林坡公次子也資稟聰異學無弗闚

尤嫻辭賦嘗習博士家言弗售輒棄去曰士豈必博一第以徼榮名而取世資爲愉快乎吾以娛吾志耳刻意惇行脩姱必程於先民家居必稟於禮平心率物爲鄉閭所式事兄文重極敬愛常同其卧起出入宗鄉讌集必偕無失如司馬光事伯康故事方公蚤年子尚幼而兄文重已七舉男公弗二視產入鈞以資膏膳猶子中游膠庠者三舉鄉書者一公責成之力爲多子讓幼在襁褓公愛而奇之甫受書即期以聖賢之學曰必是兒也亢吾宗者比疾革妻郭安人問家事不啻第摘牀摩讓頂曰事在此兒矣讓後歷官守令治行爲中明第一拜天子璽書之賜公預决於髫齓中爲季女擇昏得同縣雲南糧儲崔吉文章政事皆有聞人推其識鑒嘉靖二十一年卒年四十七公雖雅

志人倫而襟度汪夷有晉人氣韻日科頭坐榕陰與里人羣從棊枰爲樂歿之日天颶風雨道路斷絕鄉隣奔視含殮不訃而集者塞委巷云萬曆十一年皇子生加兩宮徽號子讓時官南京戶部河南司主事贈公如其官據九江鄉志王宏誨本墓誌金節本行狀世紀參脩

六世上川公子近池公從祖昆弟閑愚公附

公諱文擢字與魁號上川公所公長子也操行潔清一介不苟冰蘗之節老而癒堅擲硏縣魚殆無以過常自矢曰一介何小萬鍾何鉅其自欺同也古人行事較然不欺其志濫受一文與索賕千金豈異乎喜吟詠與鄉人士結社分題意興豪逸歲以九日攜壺登陟舉月泉玉山故事甚自得也子學章字次貞號近池庠生世其學初與公同時稱詩者有從祖昆弟彩鶴更名

璋字伯瓊號閑愚翩翩風雅相繼舉社事嗜好與公同據世紀脩

六世仰柏公子沙村公附

公諱文捷字與元號仰柏公所公次子也負才喜任事初太祖定制令天下田多者督其鄉賦稅謂之大戶歲七月州縣委官偕詣京領勘合以行糧萬石長副各一人多者至十餘萬石輸運至京得朝見天子或以人材授官其後需索賠累大戶多以受役破家而其桀黠者又或恃符虐民浮收糧石准折子女攬訟挾持靡所不有故地方皆以糧長京運為苦南海九江賦役素重逋負山積公受檄管庫者三京運者再卒能芟弊卒紀俾公帑私輸兩無廢損議勞賜八品冠帶而還鄉下牐為官堵塞以捍洪潦里豪怙勢懷私議開舊築公卓見利害率眾上書事

竟獲寢先祠肇建衆議難之公赴義若熱鴆工僝功屹然就緒又置義田興儒學宗人益德之外如葺隄圩脩橋梁籌振貤倡事首功不可枚舉晚築水雲樓以賓接賢士大夫過飲公和者莫不心重公樂與公羣也郡邑再舉鄉飲謙讓不赴隆慶五年卒年七十二長子學敏更名悅仁字次顏號沙村庠生少從順德黃參議朝聘學參議謂其瑰意奇思有聳壑昂霄之志比長以文義知名據明史食貨志日知錄黃朝聘本墓表世紀參脩

六世捷泉公

公諱宗程字正卿號捷泉綱齋公長子也幼隨父靈川學官任父權尹義寧卒公間關萬狀扶喪奉母以還體爲之敝性度夷曠里有負忿相告縱所甚不平者公恚曰奚而至是雖甚橫逆

其人愧謝卽已待之若無事時緩急來告必殫力拯助未嘗以缺乏辭收召後學及所與游之名士飧稟必腆或竭困橐佐游學費毅然以漢代廚顧自居承訓導公家學習毛詩試有司偶被放輒拂衣歸不復出然常詔兒輩曰自余先大父以來世以詩書發聞今余老一壑廢先人詒穀是余罪也汝曹速勵厥志毋重貽繼述羞蓋其蓄志未抒而欲付於後人也嘉靖四十一年卒年五十五甥陳克侯曾仕鑑凤爲公賞重最慕思之與人言輒欷歔出涕其塋也大學士蘭谿趙志皋誌其墓據趙志皋本墓誌世紀參脩

七世安遇公見樵公

安遇公諱應宣字以化見樵公諱應陽字以潛皆接莊公子也

安遇蒙難保身得文明柔順之道難後無怨尤亦無餒荏陽陽若平常人問之迺曰適然之遭秖隨遇而安已耳因自署曰安遇翁弟見樵孝愛隨兄後性尤澹雅彈棊蓺菊以終據世紀脩

七世粤林公弟穗林公附

公諱韜字懋光號粤林楊沙公長子也孝友篤誠不省人世有澆謾事經營數世寢廟口不言勞昆友追隨至於大耋犂眉鳩杖衣冠甚偉而依戀攜挈如稚時見者每下道起敬比寢疾彌留遺屬與弟合塋彌性之厚治命之隆雖古田姜無以過也年至百歲迺卒弟彤字懋德號穗林年八十七亦有隱行據南海縣志九江鄉志世紀參脩

七世石潭公

公諱謨字次皋號石潭蒲泉公次子也性慷慨卓犖負氣節年十七以詩補瀧水廩生嘉靖二十年選貢南京國子監坐監滿中三十一年壬子鄉試舉人三十九年除浙江湖州府通判歷權烏程知縣本府推官越四年棄職歸優游林野十有八載以萬歷八年卒年六十五初公居里塾與陳參政萬言關茂才文仰陳同知艮珍鄧茂才進五人結社爲一時學士倡里人爲之語曰洲中八豪朱次皋無窮邊幅鄧九谷雄風激揚陳道襄神姿超越陳在璞百家雕鎪關丹邱公所居曰大洲故人言云然選入南廱才名益振繇乙科筮仕吳興年四十五矣吏幹老成神明湛定事至迎刃而解大府才之委攝烏程縣事烏程附郭雄緊賦役甲天下公搉循征繕不緩不緪罷民受賜兼權司理

刑讞益平一時三印繫肘叢冗毛集冰解距脫豪猾屛迹久宦越中者自以爲不及也德清胡進士友信未第里居高伉寡諧氣誼獨孚於公公亦度外奇之亡何委解龍衣爲忌者所中遂投劾歸旣歸治第會城坡山五僊觀旁復令子樵完闢虹岡別業日召名流故舊觴詠其中趙文懿公志皐謫官至粤舉浮邱詩社公時時與會又時與陳參政兄弟過同郡黎舍人民表唱和於梅花堂脩然忘老人多以材用不盡惜之同年生陳吾德嘗賦出東門行以贈其辭曰擕手出東門行行日云莫悲風吹我裳況溼泠泠露守者欲閉關行者渺廣路靑錢豈足憐王程誰敢誤願言與子偕畏我朋友怒遲遲我心違十步九回顧全州忽已遠河橋忽已度回瞻九霄陌氣結不得訴陳公爲諫官

屢以言事剀籍直聲振朝野晚節蹭蹬散官賦詩悼公亦自傷也公所著有石潭集據謝山存稿在璞文稿九江鄉志子宏本墓誌世紀參脩

七世杏林公

公諱諶字次孚號杏林蒲泉公七子也渾樸不斲兄弟八人益以羣從親賓高會多詼諧善謔有雅譚公獨刧刧自持造次必於儒者每當藏鉤賭酒譁笑閧堂或至絕倒回首睨公則莊坐微哂而已養親至孝能飼以色蒲泉公有花石禽魚山水之嗜又喜客傳觴折簡無虛日公先意所適一一羅致而娛樂之不傷其性迨蒲泉公暨母周太君春秋漸高劇至大耋公蚤夜不離寢案兄通判謨嘗曰有七弟在吾於晨昏後至不妨矣蓋喜之也年甫三十絕意榮進不復就舉選社士或邀赴會公不畣

謂妻曰吾當喜懼兩棄之時豈以三公易一夕哉人田亦田人圃亦圃於何不足而賓客遠適邪從子凌霄謂公爲孺子之慕

據從子凌霄本墓誌脩

謹按康熙丙申舊譜蒲泉公七子詰諆諫詵諒諶詠杏林公諶行次第六而杏林從子凌霄爲作墓誌則謂兄弟八人誌內又舉石潭公諆之言曰有吾七弟在吾於晨昏後至不妨矣云云竊意墓誌迺當時撰作未必有誤譜蓋失之或諸子中有蚤殤者譜畧而不數歟

七世省庵公

公諱諤字次和號省庵白川公長子也爲人平直公正益府聘授典儀所典儀正王匾其堂曰親藩禮相潢南道人筆也吾族薦辟起家自公始據九江鄉志世紀參脩

七世絅庵公

公諱讓字次夔號絅庵白川公次子也幼孤敦敏嚮學治毛詩戴記能曉其精與陳參政萬言參政弟同知艮珍從兄謨同學劘切舉嘉靖三十七年鄉試至萬歷二年始成進士年四十矣初授福建南平知縣調繁江西臨川再襄鄉試事作令兩考擢南京戶部河南司主事差榷浙江北新關晉員外郎郎中皆在戶部以京察高第簡授四川夔州知府南平當八閩之衝困於供億公務以簡貸息民谿水暴漲壞田廬漂人畜公不竢報碾

放倉粟主者難之公奮曰文牒往來溝瘠何賴有譴介自當之無宅及也又竭奉錢四賑民獲更生臨川人苦歲運覆者至傢債妻息以應公類其衆姓置一人爲長酌里道中爲儲計畝均輸江航漕輓往來稱便邑有金隄溉田萬頃圮廢百年莫能脩繕公殫力經營靈谷樊水閘功成永賴比遷邑人親輓若失怙恃其筦戶部也榷權衡登降傴僂與傭卒襍作胥吏莫能爲姦差督浙關揃貪疏滯痼弊汎埽暇則校士武林指授經義名士多出其門其守夔州也請巡按行一條鞭法瘁心贊畫官民帖帖不偭張而事集會大旱精誠露禱勵二日而雨霑足夔人嘑爲朱水鉆箭尺書躬親料量勤幹爲列縣表率數月而夔大治頌聲讙騰院司交薦於是天子欲大用公降璽書勞曰朕撫

有方夏軫念民艱每思良二千石布德宣化嘉予天下維新而
於典郡尤亟其有治行明章薦剡茂膺者特簡其人而畀之以
旌前勞而勸來勩璽書豈有愛焉爾四川夔州府知府朱讓惠
從公溥威以廉生著鉤距擿伏之神塞奔競貪緣之竇薦書特
最朕用嘉焉茲授爾階中憲大夫爾膺茲榮寵益當勵報稱之
能果其績並龔黃將採一郡之政成而召卿矣子大夫其敬承
之公遂入覲旋至公安偶疾頽驛喟然曰余甲戌場前夢蠶滿
衣襞蜀古蠶叢地也余子次夔今次夔矣遽引疾歸公為人宜
髮廣顙目秀而慈未嘗不骫髒之色與人言不衣而暖然通而
有執宰邑時張居正當國政尚嚴急有司迎指慘礉少恩公力
持大體除苛解嬈人用人和及在曹司內閣申時行余有丁盡

反居正所爲一切縱弛公數執法曰江陵特主持太過耳其綜覈名實是也蓋公爲政無心寬猛亦不尙苛廉志在調劑時宜拯民疾苦使廬井見生人之樂故在政不擾既去而民慕思之當官留都澄海唐吏部伯元喜講學順德歐工部大任稱詩公則多談吏治三人交莫逆而趣尙不同大任嘗語人我輩喋喋寧如倉曹能及物邪倉曹公攝職也其爲名流推服如此既歸召補湖廣鄖陽知府不赴中外交章以用不盡才才堪大受薦有旨撫按促赴闕卒不起惟日以福惠鄉閭爲事濬渠築覓治竇成梁惟日不足幅巾生衣與野老踞坐榕陰驩話嚋昔見者不知其曾官中外顯僚也萬歷三十二年十一月卒年七十祀南平臨川名宦府縣學鄉賢夔州專祠崇祀至今公卒四十六

年以孫實蓮邮典推恩諭祭贈兵部左侍郎初公江西所拔士陳邦瞻天啟紀元總督兩廣拜公祠下周歷堂皇泫然流涕題循績高風四字而去時謂實錄陳公高安人歷官中外鯁亮有大節爲時名臣據四川通志廣州鄉賢傳廣州府志南海縣志九江鄉志世紀參脩

七世後溪公

公諱學濂字次周號後溪順川公長子也以詩補邑弟子員博學篤行研究經史每得其要歸遠近士奉爲指南偃蹇諸生十戰棘闈不遇未嘗損慍及仲子籃仕拜封諸孫繼迹科名家聲驟赫亦未嘗加喜日逍遙杖屨諄諄以忠孝大節訓子若孫貞不絕俗通不易方翛然爲邦邑典刑里人蘇允隆年百有七歲鄉眡樸實時邀至飲食勸酬示優老風指刼盜鼓禽亟白令禁

讎扳釋冤磥人尤德之萬歷三十一年以子凌霄封湖廣咸寧知縣鄉後進黎刺史春曦嘗著論曰凡封翁多以子貴若公則不以子貴也豈惟不以子貴又能貴其子貴其孫復孫而未有已也時以爲知言卒年八十七著有經書講說燕居日錄逍遙齋稿行於代據南海縣志九江鄉志世紀參脩

七世龜臺公

公諱學懋字少脩號龜臺順川公次子也幼嗜學十歲能文衣冠齊邀與常兒異弱冠充郡庠生提學臨試與兄學濂迭爲冠軍時稱朱家雙鳳久困場屋物望益隆名士多負笈請業公學以靜專爲主淹貫經史鑽研性道尤教人服膺禮法遇吉凶時節一以司馬書儀考亭家禮爲職志小大由之方親迎時所親

皆言會典許借用冠服公謂非素位義堅不肯從俗爲一變前後執親喪哀毁泣血負土成墳手植松柏雖近六旬崩殞猶昔平生爪甲須髮脱落皆珍爲遺體無敢遺也預刻亡日將易簀噂子婦諸孫來集榻前涕淫淫下以先壟未脩爲言兄學濂至曰塋石已備期已卜矣何憂領之而瞑時萬歷三十三年十二月也年七十著有朱氏家譜初上沙朱氏啟族逾三百年而家乘未立公念諸兄多宣力四方王事鮮暇其少者又當闈脩攻苦甌没科名迺慨然自以爲功排比撈羅勒成卷帙文獻不墜至今賴之公家門鼎盛獨能以禮自律凡子姓中華侈輕俛者弗敢近也據九江鄉志兄孫光允本墓表康熙丙申譜參脩

謹按士昏禮主人爵弁纁裳緇袘從者畢

元端乘墨車從車二乘執燭前馬鄭氏注
云主人壻也爵弁而纁裳元冕之次從者
有司也乘二車從行者也墨車漆車士而
乘墨車攝盛也朱子曰昏用命服迺是古
禮如士乘墨車而執雁皆大夫之禮士昏
禮謂之攝盛王氏復禮曰昏禮攝盛載之
儀禮歷歷可稽如士家祭用元端助祭用
爵弁今親迎爵弁攝盛一也大夫墨車士
棧車今乘墨車攝盛二也大夫有二車士
無二車今從車二乘攝盛三也特牲禮陳
鼎不在東方避大夫也今陳鼎於東方北

面攝盛四也贄大夫執雁士執雉今壻入奠雁攝盛五也凡婦人不常施袇之衣今用純衣纁袇亦助祭服攝盛六也同牢而食腊必用鮮魚必用鮒攝盛七也按明會典庶士昏禮納幣章服一稱眂九品親迎許攝公服葢卽古人攝盛遺意龜臺公顧自安素位執不肯從於禮雖若稍過然末俗僭踰昏喪爲甚公弱齡彊立固已志在防民躬爲砥矢矣

七世粵軒公

公諱學度字越伯號粵軒捷泉公次子也性好施予能容物雅

有父風未老而鰥不復言娶獨居者十餘年喜飲酒陶情而已不輒醉蕭散夷猶與物無競簡遠如晉宋閒人萬歷二十四年卒年六十二據曾仕鑑本墓誌脩

七世性庵公 子太赤公附

公諱學業字兢伯號性庵靜波公次子也貧而耽讀竭力將母未嘗遠游因得顓邃於學經訓史部咸有條貫确然自名其家性和易喜及物里有紛爭緩頰解之頑不可化援果報動之有夜竊公起曰汝持去勿再來盜因改行有貧婦窘餒將自沈傾囊濟活胡貢生斯覺年方舞勺一見決爲名士以女妻之晚年散慮逍遥逢里塾輒入以勉後生詠諧縱誕從衡貫串皆激厲意也聞者悦而易入詩詞矢口而成得堯夫白沙遺韻終老儒

素貧且賤然以宿學爲鄉望所歸其祝齡也薦紳先生及諸文學繪鹿門偕隱圖爲壽卒年八十一著有詩經正義四書主意諸史斷釋藏於家仲子儒桂字宏芳更名之煥號太赤蚤游番禺庠久不第學行肖家風據九江鄉志脩

八世君倫公

公諱名臣字君倫鳳吾公子也少喜讀書忼慨慕大節所交多奇材劍客習知兵畧爲人饒膂力善騎射翹關負重之技不學而能崇禎初流寇大起中原久不見兵革名城阸塞賊至輒靡於是天子慨然發憤思得爪牙折衝之士而用之十年遂詔天下府州縣咸立武學置生員提學官以時掄補如校士例公出首膺高選充番禺學武生然是時尙文輕武結習積重不反士

之以兜鍪進者雖至專閫大帥恆鞠跽拜起於文吏之庭趨走與傔從等文吏益倨侮盱衡厲色甚或刖𠜂而陵藉之不以齒於人公又耻之奮然曰吾獨不能捉三寸不律與若輩一角短長乎十五年壬午鄉試願就文闈提學吳公禎啟覽其文大賞異錄送科舉三場完竣改充番禺學附生居二年闖賊陷京師莊烈帝殉社稷信至公涕泣不自勝所親或慰之搤腕言曰人誰不死得死君父即屬考終惜吾位賤無階拚七尺爲朝廷脫獲一旦便當血濺沙場肉餧鳶鴟報累朝養育恩耳安能傚伏波老子姁姁求馬革裹尸歸葬哉又曰名臣韋布諸生耳誓與學校相終始終不令陳東歐陽徹輩地下笑人聞者皆悚息乙酉丙戌金陵福州相繼淪沒閩部陳文忠公子壯迺與廣督丁

魁楚西撫瞿式耜謀奉永明王由榔監國肇慶王使閣部提督江楚閩廣軍務特勅吾家在籍戸部郎中微龕公實蓮團練水陸義師副之故輔蘇觀生懷貳別立唐王弟聿鐭於廣州人士多踊躍待用公止不行廣州旋爲

大清兵襲破聿鐭執死丁亥六月陳閣部與微龕公移檄遠近圖恢復舉義於鄉語具微龕公傳閣部我所自出少長於吾家習知宗人賢否微龕又公從子行也均最知公幕府初建遂與鄉文學吳兆健同參軍事文學閣部年家子謹按九江鄉志吳兆健進士羽儀仲子亦奇士也時義旗四唱陳忠愍邦彥起順德張文烈家玉起東莞及新會王興潮陽賴其肖等後先赴難咸推閣部爲盟主百亢蜎集凡選鋒銳籌饋饟聯聲勢募閒諜覈鎧仗庀舟輿兩人贊

畫爲多廣州師衂退守高明閣部奏署公儒學訓導協守危疆

九月

大清兵偪高明攻圍五十日西師救援不至城遂陷方事急時或謂

公拒守非王名可跳免公正色曰是何言此日之難獨斷於中

久矣況既服王官乎且何以謝吾戸部及閣部公督禦益力十

月二十九日城潰不屈死之吳君攝教諭同日死明年江廣反

正優卹建義諸臣有詔蹷取同事職名一體褒錄方在察議屬

廣州再陷卹典竟不及據明史選舉志世紀採訪冊參脩

八世湛源公

公諱大仕字宏通號湛源雁屏公長子也雁屏公諱建中字次

端不仕龐戸部景忠謂其不出庭戸而化及鄉邦自足於邱園

而名重於卿相以隱君子終公少篤學博極羣書補邑諸生試有司輒高第操管爲舉子業俯視流輩有杜必簡之風旣數奇不售迺效伯居陶朱居積致富以貲雄里中家溫而好禮年耆而嗜學訓子孫原本經術子貢生光瑜庠生光瑋各有聲於時孫官銘以才諝膺薦辟有旨驟擢推官餘多居膠序者故世言善教必首公壽介百齡聰疆不衰時時爲後進譚經史之要每會講音吐鴻鬯須髯奮張坐起數十巡無勸容侍其坐隅者人人得其意以去謂如撰杖於申公伏生之側堂室之閒熙熙穆穆不自知其不生千載以上也預營生壙勒卒期至日一笑而逝年九十八據南海縣志九江鄉志闕家炳本墓誌參脩

八世攢雲公

公諱樵字叔祥號攢雲石潭公次子也順德庠生幼才慧器識不凡浙中趙文懿公志皋見所爲文翰丹青大賞異之家有虹岡別業園亭古曠草樹蓁蒡名花奇羽畢萃日楗戶焚香著書暇則與弟完及從化劉克治克平伯仲尋幽覓契弦琴詠詩爲樂餘事不挂眼也一時名流想望丰采歐先生大任告歸年已七十翛然爲嶺外風雅總持每造公譚讌忘晷常舉唐高適句曰嘗與天下士許君兄弟賢再三不置論者謂惟公克副品題妙擅六法蘆雁筆意尤工藏弆家以爲邑人林以善無以過據歐虞部集九江鄉志世紀參脩

八世白岳公

公諱完字季美自稱白岳山人石潭公三子也時徽人詹景鳳

東圖擅聲書畫工著述與公同亦號白岳山人故天下稱東圖季美也或以山岳海岳嘷别之公姿敏好學文辭翰藝冠一時年十七充廩膳生繇順德改邑學皆第一最爲蘭谿趙文懿公志臯兕友黎參議民表歐工部大任所愛重引與抗席嘷小友石潭公宦成治第會城坡山之陽公兄弟又築北郭虹岡别業有清暉師古巢雲諸精舍並築環谷山莊皆隨盤陀高下間以松栝梅桃脩篁萬梃蓄古書畫鼎彝日優游於辭翰茂林粉黛間才名奔走海内兩臺司道郡邑長吏及往來使君若尚書靈璧劉公繼文通州陳公大科布政仁和胡公心得太常晉江王公用汲太僕永春李公開芳冠蓋日絡繹於門陳公聘脩粤乘及許氏説文徐氏初學記李公聘脩石室志胡公聘脩草堂詩

餘諸書嘗度嶺歷衡湘臨洞庭尋荆襄江漢爭戰故墟憑弔興亡之蹟浮江踰淮至廣陵鍾吾反觀金陵宮闕南訪姑蘇臺探禹穴觀潮於錢塘徧覽浙東山水括蒼天姥雁蕩龍湫天台石梁一一窮其幽勝逡巡循閩嶠而反足跡半天下到處鉅卿名彥爭逢迎交驩京山尚書李維楨聲華蓋代淮上傾蓋謂公兼名士所長永嘉布衣何白氣高無所讓獨推挹公筆花墨瀋寶貴一時山岨海澨騎越雞林靡不爭求手蹟當盛年車馬雜沓歲費數千金而緩急時有家人或數米而炊公視平等觀客至無貴賤必款門人林穆七喪不舉罄貲襄事戚故待舉火者恆伯什家中歲不第輒棄去不復試有司選貢國學謝不赴時以爲高而非公指也嘗爲友人鄧虞一賦齋如園見志其辭曰鄧

伯子南陽華胄駿發郢都勝情天逸標韻風疏游心物始獨與道俱爰作羨圃於焉考廬仙的聳虖北牖神瀵涌於南除覈玄旨於柱下錫嘉名曰嗇如客有過而諗之曰吾子負韜物之雅量懷高世之英圖將遡覽虖八荒胡削迹於一區吾將進子以游觀之郅樂華詭之極娛發子之覆子欲聞虖不腆大楚實曰奧區玉衡鶉火之次赤館朱陵之墟左獵雲夢右眺荊巫棄堅策肥載馳載驅窮日不足卜夜有餘奈何跼蹐蓬藋之下若槭株拘精疲於祕典神蕝於玉書胼胝皸瘃無迺憊歟伯子作而言曰噫嚱若客所言馳騁之娛亦奚以爲吾想夫蚡冒之奄有楚國也肇土畫疆篳簵藍縷作法惟涼土木之侈溢於後王渚宮巘巘章華鏻鏻層臺九仞飛觀百常翼藻梲以橫騖跨雲棨

有高驤被翠羽刻龍章挂曲璚綴明璫裂綈錦兮繡文埒規雄
虹兮嫋飛梁復有祕閣邃闥曲榭迴廊或涼或燠乍陰乍陽詩
大蒐於夢澤詭豔辭於高唐俄代謝之忽及嘅榮悴之靡常紅
蘭既化白露爲霜玉甃蓮礎灌莽荒岡詎若吾廬挹清欲爽雲
霞在衣風泉落掌冥觀則萬古崇朝臥游則十洲函丈几上獨
嗒然而噓空中契泠然之賞及夫謌扇舞衣裁紈列綺淫冶繁
華韡如桃李結幌流蘇千重步障紫絲十里綷縩七寶之襦纂
組五文之履舉華袿兮光風迴動凌波兮香塵起忽寒暑之迭
更亦煙銷而雲委莫不感行樂於當年傷流光於逝水余方攬
辟芷以旌潔擷雷夷以信芳揉秦蘅以紉佩集芙蓉以爲裳散
芳襟於華薄蔭翠幄於朱楊叢桂發小山之馥猗蘭吐大國之

香信夫薄榮觀而燕處其樂洋洋者矣又若舞按陽阿聲徵北里激楚迴風前谿白紵含宮咀商變以流徵啟朱脣發皓齒采蘼蕪於山閒詠芍藥於溱洧已而曜靈西匿戢暉濛汜逸響與梁塵共滅玉質偕謌臺俱圮余方振天籟於空谷舒鳳嘯於中林擊泗濱之浮磬撫彭澤之素琴泉叩牝而諧調風振杪而龢唫豈羨夫驚心動魄桑閒濮上之音哉客曰唯唯否否蒙竊未通方今聖明在上如日方中懷才抱道之士卬卬顒顒若脩鱗之赴巨壑鴻毛之遇順風先生渺論若高蹈之義則獲而兼濟之道未宏也伯子莞然不畣抗音而謌謌曰治人事天莫如嗇兮蚤復重積無不克兮無不克兮莫知其極兮客起而謝泠然若灑洒知先生非忘世者公秀眉目揚聲玉色談笑有醞藉敦

門內行色養石潭公林下父黨咸曰有子兄宏蚤殁與仲兄摯愛形影必偕嗜朋友如性命傾倒曲盡不肯爲貎執加藝能足自振故爲四方士友所歸先是明初五先生孫蕡王佐黄哲李德趙介稱詩結社於廣州南園迨嘉靖閒社廢園荒歐工部有五懷之作因與黎參議暨梁刑部有譽吴僉事旦李兵部時行復恢前美聯吟於抗風軒世稱後五先生它如王光祿漸逵倫祭酒以訓剏越山社郭光祿棐王御史學曾倡浮邱社羽翼稱盛洎神宗中葉公遂與順德潘太學豫之子朗梁布衣有謙公益歐貢生必元子建踵武而起推襟送抱社事大昌工部雖老矣猶時時與會嶺海名流如香山李文介公孫宸伯襄番禺韓節愍公上桂孟郁同邑萬貢生國楨伯文新會林按察枝喬陽

仲番禺羅同知賓王季作黎貢生邦璘君璽李茂才雲龍烟客從化劉選貢克治季德茂才克平道子皆社侶也公鈞與莫逆厥後諸人榮落不同交有終始當世以爲美談爲古文刻意新裁詩自然爲宗高尠者到古無讓書賅衆體八分擅一代嚴整清勁獨步萬歷閒遺墨最富其摩厓劇蹟則端州石室羅浮逃庵諸刻海宇橅拓照曜至今時有馬元震者欲與爭名評者謂其體勢多怪不及也畫理入能墨竹與萬國楨齊名自謂得玉局遺法萬歷四十五年五月卒年五十九所脩官書外著有虹岡漫錄續錄清暉館稿白岳山人全集行於時據欽定書畫譜書家列傳畫家列傳欽定古今圖書集成字學典列傳藝術典列傳書史會要畫史會要明畫錄古今能畫人姓名錄羅浮山志七星巖志廣東新語粵東文海粵東詩海歐虞部集球玉齋草廣東郭通志南海縣志九江鄉志子端履等本墓誌參脩

八世赤城公 兄孫峻閣公附

公諱建勳字文祥號赤城石潭公四子也原名弁就武科更今名毅而能擾畜選材官累中萬歷二十二年二十五年四十三年三科武舉授北直隸西山營守備地控畿疆姦宄跧集治戎詰盜咸有功勣號爲能官兄樵完皆通人上材以文義伏一世爲時聞人公退就右列亦無甚媿焉明自太祖吳元年下文武科取士之令而武選卒未定制憲宗成化十四年始設武科鄉會試嗣後或六年三年舉行條罷條復爰逮末季載祀二百鄉人登是選者屬三人公與兄孫夢偉頓居其兩物罕見貴里鄙榮之謹按九江鄉志明武科朱建勳朱夢偉岑壯圖三人夢偉初名如林字從翰號峻閣文屏公孫自吳公子繇行伍中萬歷四十三年四十六年兩科

武舉授廣州左營把總終官惠州白雲營守備據明史選舉志九江鄉志世紀參修

謹按世紀峻闈公係武舉授廣州教場左營兵務把總累陞惠州白雲營守備宦履甚明而康熙丙申舊譜宗圖勵注兩科武舉亡五字殊漏畧失考

八世莘犂公

公諱田字可易號莘犂絅庵公長子也生而敏達折節下士不以貴介上人弱冠補邑增生屢試高等攝縣劉公復初錄科首拔爲詩文筆不加點無言苦思艱態五試棘闈不售棄歸侍養輕財愛客無貴賤少長皆昵之與之游揮麈譚元累月不厭子

弟輩上公車每勖以交名賢眺名勝爲急歸日輒問得友幾何遨游何若偶副中懷輒然神詝勿豢無其旨也督學曾公化龍給冠帶表其閭曰承先啟後晚歲怡情絲竹脩謝傅東山故事遠近名山水行跡幾徧、雖屆稀年筋力不勌花月淸宵每嘯侍兒數輩挾笙琵隨行恣意所之謂人生幾何行樂當及時庸可對月鼾睡邪崇禎十三年卒年六十九卒後六年以子伯蓮贈中書科中書舍人初絅庵公休居有家法公弟疇儒行淸嚴非禮不履公坦懷樂志曠達任眞論者謂昔宋氏景文元憲趣尙各異而各負時名公兄弟畧似之甥大學士陳子壯書陶寫堂以贈據九江鄉志世紀參脩

八世箕作公

公諱疇字可敘號箕作絅庵公次子也（謹按公行雖次以嫡子承祧）幼而徇齊長而端亮簡嗜欲寡言笑杜門讀書里中罕識其面年十五補邑庠生試必冠軍秋闈十三次無勸容萬曆四十三年乙卯詩四房中雋旣迺失之督學張公天麟奬優行第一制府張公鳴岡聘操選政評隲甲乙名彥推服守道魏公守忠論釆地方事宜公臚陳啟事侃侃數千言皆石畫當事一一舉行里人梁妃慶妻周氏夫墮崖死茹蘗養姑姑歿貧無以瘞並夫柩焚之薪火旣熾投烈焰中死闔沛妻朱氏卽公祖姑苦節著聞語詳後傳二氏未邀旌典久鬱眾心公慨然獨上其事邑令陳公儀親表門閭鄉人感竦啟禎以後物望加隆德行文章士林北面開中憲祠卽家講授遠近士雲集莫不以通經學古爲高其莫

齒也襟度簡遠不樂羶要地崇禎十三年子實蓮令德清迎養再三公勉就道一覽吳興山水遽賦詩曰攬勝來游豈非緣問俸錢未曾經累月似覺已多年閉戶看山近擔泉省驛傳奈非吾土也歸思日來煎會實蓮得辠遂拂衣歸歸後五年卒年七十二封浙江德清縣知縣卒後二年以實蓮郵典推恩諭賜祭葬贈兵部左侍郎平生撰作致多篇什尤富所著期適亭稿駿發閣集鄉邑志乘鈞經著錄丁亥家難散佚罕存據大清一統志廣州貞烈傳廣州府志南海縣志九江鄉志世紀兄子協蓮辛丑詩鈔跋來孫天瓊本墓誌參脩

謹按九江鄉志廣州貞烈傳作梁妃慶大清一統志廣州府張志南海郭志作梁紀慶大清一統志廣州貞烈

傳九江鄉志作慶墮崖死廣州府張志南海郭志作外商囘抱病死　大清一統志廣州貞烈傳作慶妻關氏廣州府張志南海郭志作周氏鈞未詳孰是九江鄉志於公傳作周氏於貞烈傳又作關氏更屬兩歧今莫定指歸姑從鄉志公本傳

八世則明公

公諱賓揚字可言號則明綱庵公三子也原名甸以詩補縣學弟子員爲人不畏彊禦赴義必先里有善端惟躬是瘁家富聲伎公鴻飲高譚玅析音律有周郎顧誤之風據世紀脩

八世懷玉公

公諱畯字可周號懷玉綱庵公四子也姿敏讀書過目成誦出試郡邑輒拔前茅顧不役役名場築臺榭蓄書畫日與宿士名流開尊驩笑琴謌酒賦照瞙一時客無榮悴新故造請如一旣無乖厓亦無苛縟坦夷徑遂人人得其驩心子弟有秀良悅學者齒牙不惜賓筵禮侑酌月觴花必招與銜桮明示優寵以故卑幼羣樂趣之公宦家子羣從世庶科名姻婭並多膴仕獨安澹泊以山人終老由由家衖閒見者不知其爲貴游士也黎州守春曦每以隱德推之年四十九崇禎七年卒據九江鄉志世紀參修

兄紫閣公從父昴弟清揚公附

八世石室公

公諱遐原曰必遐字叔華號石室沙村公四子也充西寧庠生博洽多聞論列今古事證据紛綸關節疏解洞見是非質的置

心鄉邑利害李村圍與築改入海洲大隄實慮始首功著有九江鄉乘草挮累年以謂嶺以南冠冕南服者南海也冠冕南海者九江實稱最唐宋以上風氣未舒明興垂三百年政教淪洽天地清淑之氣與時俱隆品物亨嘉人文斌蔚號稱極盛曩令佚而弗傳散而莫收非所以彰信後今光揚在昔者也其稿經亂殘闕黎州守春曦竟因其遺緒勒成專書論者謂一方文獻不墜益光繄公先河之力晚作嘯園名流賦詠幾徧年八十六卒同時棲遲三徑而名播士大夫者有公同懷兄必逾從父昺弟必顯必逾字叔超家有紫閣山房因以爲號頹年乏嗣徜徉無悶觴詠自如韓節愍上桂劉方伯觀光咸有詩許爲曠士必顯字宏明號清揚惠谷公三子有娛暉館種月亭諸勝闗刺史

管恆過從譚讌信衙其家據九江鄉志皆山樓集參脩

八世太一公 從祖晜弟靈一公附

公諱凌沖原名必遇字宏會號太一後溪公長子也讀書能究本原後溪公許靑錢選年四十始籍邑學增廣生五困場屋卒不售弟凌霄子光祖猶子光允高科繼武公下帷蔬素無斁其初惟以報稱國恩日相敦勉或宦游在遠手書拳屬必極提撕與配關孺人伉儷相莊失偶中年終身不續子光祖彊直當官與時齟齬報遷揚州郡副公即以善養爲言諷不復出其澹寧止足亦天性也天啟初以光祖封廣西融縣知縣年八十四卒公門風愿樸家無敖民從祖晜弟之麟易直子諒尤與公爲近

之麟字治昭號靈一會溪公子也據九江鄉志世紀參脩

八世湛一公

公諱淩霄原名必迪字宏惠號湛一後溪公次子也少負才練識爲學喜講求實用不爲聱帨浮辭繇郡增生中萬歷十三年乙酉鄉試四上春官在公車十載選新興教諭聘充丁酉湖廣同考官擢湖廣咸寧知縣薦剡三上遷雲南寧州知州三十三年内艱歸三十七年起山東平度知州未任左遷貴州安化知縣秩滿士民萬衆乞畱奏入上嘉悅特晉定番知州治邑如故四十三年父喪解職四十六年補知平度州署青州府事惏忮者沮之謫江西贛州通判居三載以天啟二年謝政歸方司教時苦心誘掖務宗經訓卻贄譚藝古道相勖諸生嚴而愛之高要商苦官累於郡賴公一言而釋其宰咸寧也力爭稅監糧運

之擾値朝廷用師討播縣當其衝公劑量有方餽饟不加播師宿飽武卒罷吡調馴惟允治行爲楚中第一當內遷矣邑有鄉宦趙孟徐三家皆黷貨勢張甚監司莫敢迕公毅然曰朝廷設令衞民顧剝民以事大官乎卽摩厲鋒距以待豪彊屛息三家銜之趙尤憾遷寧州再補平度忌者猶不悛公建江橋功甚鉅會趙爲吏部索賕不應遂齕擠安化安化新造邑也前令多畏藉言廨舍有祟不肯居公曰妖不勝德卒居之大府議徙邑治公殫力經營衙倉庫獄七十餘間官鏹不足出俸佐之方當營繕又襄辦涪州王木三載購劇材過千役蒇而民不擾涪人亦受其賜安化戍卒以橫悍病民導苗突刦或呈俵遺棄以蔽辜公白兵備劉公嚴失事之罰犯無赦兵苗獲戢邑鼎無甲 科貴

仕公政餘督課孳孳講授邑人田仰遂階上第位台司陋風丕變蓋公爲吏嚴而不殘不屑鋪張吏事一錢無所私利興弊革視官猶家也民亦親之如所生當神宗之末徵發頻仍礦使四出海內騷然煩費州縣不能舉其職加以胥猾舞文豪紳兼幷考課殿最一切虛文從事不復加意循良之選吏治日以益偷安化乞畱疏入天子慨然用先朝史誠祖李信圭故事優獎之海內喧嘩傳爲異數謹按明史循吏傳縣令去官因民情使復畱者永樂中史誠祖擢濟寧州仍視汶上縣事正統中李信圭擢蘄州清河民乞畱命以蘄州理縣事其餘邵陽令孫浩長淸令辥愼內邱令馬旭桐廬令楊信北流令李禧等或考滿復畱或加秩還任而已命既下邑民驩聲雷動人慶二天當是時安化縣之名聞天下榷關贛州有閩商於江中溺金百鋌無賴篡之越境來訴公責還之商感激奉其半爲公壽不許迺餙儲

潭廟爲公祈福仍立石廟中凡公所泚不求赫赫名而去後輒見思新興安化咸鏤碑頌德任安化較久謳思至今尤負識鑒楚闈得張邦翼穆天顏王同謙皆成進士歷官有聲咸寧得趙嗣芳寧州得張正道劉廷祚並躋通顯其餘翹秀興起公振拔爲多歷仕三十年所居勵蔽風雨室無媵侍門無雜賓暇與兄凌沖酒梧晏笑白髮扶將或二三耆舊清言遣日而已崇禎十二年七月卒年八十二公居鄉愛利之澤與在官同計偕時里人陳貞伯誣陷大辟糾同年生曾仕鑑雪其冤鄉瀕海多盜當道奉公爲約長俾司化導公輯會約一書歲時會老幼申明之得呂氏藍田鄉約遺意窮櫚疾苦知無不言宰邑者皆嚴重焉里人受蔭垂二十年羣樹闕於其居第前曰表正門比卒皆咨

嗟流涕云據貴州通志南海縣志九江鄉志世紀田仰本墓誌參脩

謹按貴州通志南海縣志本傳但載公宰安化事未詳歷官履節九江鄉志選舉條謂公任寧州知州丁內艱服闋授山東平度知州未任改貴州安化知縣陞定番知州仍管安化事丁外艱服闋補贛州通判而本傳則謂內艱起調安化考滿士民乞畱撫按題奏得加定番知州仍掌縣事外艱起補知平度州改贛州水利別駕均似遺漏蓋選舉條於外艱起時闕補知平度州一節本傳於內艱起時闕授山東平度

州未任一節也然本傳於外艱起謂之補知平度州則前此曾授是職可知特終不如田太保仰本墓誌再補平度州五字之分曉耳公前後兩次謫官之繇墓誌謂趙紳居吏部索蚨不應遂齕擠安化鄉志本傳謂補知平度州新冢宰苛求交際改預州別駕雖似歧出然參觀互證亦可見公彊項終身夷魚比節矣至於公署青州知府見於公祭陳淇涯司馬祀鄉賢文見於祖祠恩光錄見於公里第明崇禎間匾額臚載甚明鄉志偶畧

八世悜宇公涵宇公

悜宇公原名家顯更曰繼鳳字肖陽粤軒公長子涵宇公原名家榮更曰繼芳字肖恩粤軒公次子也悜宇涵宇其自號悜宇又號五如幼爲季父保昌司訓碧潭公賞許比冠綜羣書攻二戴萬歷初羅旁山寇平詔以其地爲羅定州置東安西寧兩縣徵廣州高才生興起學校於是提學支公可大首拔公充西寧庠生陳公璧繼授廩餼才譽播一時公不以文藝先行誼安親悌長倫物惇飭世父萊洲公年迫頽倢兩子蚤世公以事父者事之日有三朝之禮偶眠疾奉衾嘗藥偶影不離既餼西寧庠弗獲起居眠食常悒悒萊洲公迺改博士籍就養焉從父夔州公養重邱園公侍譚恒竟日夔州公嘉其力能體驗嘗與弟繼

芳從祖舅弟田疇甸畯刑部黃公應舉孝廉鄭公融結雅言社於牛山麓藎江宰余祭酒孟鱗所題繹思堂處也望實克收砥廟彌厲公尤耽讀洎老手不釋卷爲邑士所師八戰棘闈無所遇奄及歲薦竟以萬歷四十二年卒年五十五著有詩賦全集鄉先達曾公仕鑑奇愛之涵宇公弱齡特達性樂酒德然故無曠事亦補西寧庠爲督學羅公萬程首選社中尤推氣誼拂違肯穀往往眠猶同胞它如存䘏窶貧營治寢廟皆力尸之爲約長二十餘年里甿懷德年五十七天啟三年卒據世紀黃應秀惺宇公墓誌從子伯蓮涵宇公墓誌參脩

謹按惺宇公原名家顯涵宇公原名家榮本墓誌及康熙丙申舊譜俱失載謹照世

紀增入

八世海玉公

公諱家聘字肖湯號海玉粤軒公三子也資性孝謹兩兄籍諸生伯且倏貢矣公學且試弗售輒蹙歎曰親年寄耳共爲子職寗必祿養云爾乎吾翁嗜酒儻得子母錢戍足吾翁杖頭費鄰下盡驩吾願畢矣於是辛苦治家人產豐實日聞粤軒公適娱情醉鄉陶然忘老公雖搿業艱勤喜周急若饑渴荒歲爲糜鬻哺餓者存活孔多殖嘗田聘名師歲費無恡色維時門宗貴盛科第相望明經文學常數十輩靡不稱公善治家是亦爲政云天啟五年辛年五十五據曾陳詩本墓誌脩

九世見庵公

公諱端揆字有道號見庵白岳公次子也清高曠達而能不愛勤勞服官尤悃愊累擢唐王府護衛指揮使司指揮使福州淪沒隨唐王聿鏌閒關至廣州王特疏保薦云此一臣者在本藩下效勞日久患難最深忠誠不貳事主無欺緜閩相隨入粵彼晨夕扈從櫛沐宣勤爲長史諸臣弁冕云尋敘勳予世襲護衛指揮同知據世紀黎春曦朱護衛脩復高泉井記參脩

謹按明史通鑑輯覽南疆繹史諸書唐王聿鍵立於福州封其母弟聿鏌爲唐王

大清順治三年秋九月　大兵下汀州聿鍵就執福建平報至粵中總督丁魁楚巡撫瞿式耜巡按王化澄等與粵中故

臣以十月十一日奉永明王監國肇慶嗣司禮太監王坤至自汀州知聿鍵已殂羣臣遂請卽位福州舊輔蘇觀生貽書魁楚欲預擁戴功遣主事陳邦彦勸進魁楚與觀生素不協拒之適唐王聿鐭自福建浮海至十一月癸卯朔觀生與布政使顧元鏡總兵官林察擁聿鐭入廣州城自立改元紹武遂日治兵與肇慶相攻云云今按世紀見庵公事蹟迺錄唐王保薦劄子葢共甫至粤通奏肇慶行在而未爲蘇觀生等擁立時也

九世庇亭公 弟毅庵公附

公諱協蓮字子勤號庇亭莘犁公次子也生有雋才比冠補邑諸生文譽與諸兄埒中歲爲鄉約長矜高獧陿庳俗愲焉亦以執理爲奸僉所忌順治十六年六月三日里豪鬬公性購賊闌阿蘇糾黨焚畧其家戕家口九人妻盧氏妾周氏李氏女十姑細姑嫌姑媵婢張繡雲同時罵賊殉節比隣昆仲遭畧一空有被創者盧氏等七烈之名震燿至今自有傳公難後志存養晦時然後言不踐過失之地鄉人卒刑式恃賴之詩才豔發清深華妙一門風雅中推白眉陳文忠公子壯許爲才兼庾鮑謂後來之秀也自甲乙變亂以後世屯家毀遭際益囏從前羣從唱酬之盛或身蹈國殤或沈薶江海風流邈不可追迺逌壹志蜚遯

不復從事帖括於是祖述風騷流連八代有所感觸一一見諸詠歌尤工五七言唐律體每一篇出時賢競傳之又尠擅臨池遇有諈諉簡牘悉自寫其詩作者之名藉甚士夫閒猶以文忠故也時而咿嚶若呻所痛含情楚雨哀音微茫評者謂得風人之旨集多殘闕惟依園詠一卷存書入能品行草有文董格法人尤珍之弟儀蓮字子習號毅庵忼慨敢任多藝能亦蚤籍邑庠舉優行 據世紀黎春曦依園集序參脩

九世微龕公

公諱實蓮字子潔號微龕箕作公次子也頎身頳面角犀隆起腰腹十圍少須麋大音聲顧盼偉如神人七歲能屬文與姑子陳文忠公子壯並有聖童之目未冠繇邑庠生舉天啟元年辛

酉鄉試第三人分考江陰李忠毅公應昇奇其文拔冠一經入在公車時望益隆巡按劉呈瑞提學魏浣初疏舉境内人才皆第一崇禎十三年庚辰授浙江德清知縣時中原盜熾州郡陸沈捧檄者蹙踖懷兩端公謂掮循東南所以戡定西北天下事尚可爲也忼慨誓行初蘇浙仍歲奇荒繼以旱蝗民飢無食公到官綢繆振賉存活數萬家明年夏浙西三府大水湖州尤劇公百方拯濟籲大府蠲緩以貸灾黎不省七月浙撫劾德清崇德兩縣誤漕是時政府方尚掊括遽票旨逮治緹騎洶洶崇德令趙夔自縊公奮曰朝廷付令此土莅此民義當與民存亡今百姓糜爛至此而寬政不逮朝廷容曰不知謂守土何吾寧歸死司敗救此一方民遂就詔獄獄中極陳地方荒苦疏曰微臣

聞之水旱者極備之凶也補救者時亮之權也去不忘憂者職思之勤也死不忘忠者事君之節也竊惟天災流行何處蔑有未有四五年來饑饉洊臻旱魃嗣虐孑遺靡定降割繼行井邑爲墟民物將盡如浙西之甚者也追惟九年十年浙右奇荒亘古罕有桑株砍伐耕牛宰賣至迺掘草鬻土人類相食小民死徙之餘未獲安業而十二年夏秋之蝗旱冬月之霪雨又作矣陰淫積久淋潦非時去年夏五甫交[illegible]水驟發百川灌河鳴山應谷江浙蘇松常嘉湖數郡稽天鉅浸千里瀰漫吳江德淸腰腹太湖如坐釜底苕霅諸水與江海翻波於斯時也城隅傾圮隄堰潰決廨署泛汪洋之淩壇廟無暵乾之所起視四境穀蔬淪沒室廬漂蕩人畜蔽江流而下[illegible]橋緣木杪而渡男號婦哭

天日爲昏其有乘高儰浮卒不即斃者無所得食驚癇飢羸有孩稚推棄於漲中夫妻子母枕藉待死於水涯者矣微臣此時受任未久四出撫循測量潦勢深者水可數尋淺者猶至滅頂坊廂如此鄉堡可知是以塘棲以西尖山以北千村萬落煙火斷絶傷亡死徙民氣索然詢之故老僉云江浙水荒創於萬歷丙午慘於天啟甲子然前此兩見皆淹未兼旬茲則崩騰數月前此民戶蓋藏尚足枝吾旦夕茲則凶飢之後元氣蕭條歷數三十年來上天降殃虔劉下國未有甚於此時者也微臣目擊情形痛心酸鼻自傷爲人司牧政刑頗僻措置乖違無以導迎祥和覆以招灾速戾使萬戶生靈顛連若此是時即肆微臣於市朝正溺職之誅謝橫死之衆是微臣所大願也當已再四思

惟圖拯救於萬一顧廼納隍有願起瘠無因不避先發之嫌而
官庫如洗矣欲倡富民之義而大家中落矣期需抽分之益而
商船裹足矣思乞隣封之糴而同病無門矣四顧旁皇趦趄飲
血不得已兩申撫按面要道府籲懇丁糧漕白一切奏繳發帑
截運以賚接濟是時非無尼微臣怵微臣者微臣以謂熙朝聖
聖相承勤求民莫深仁厚澤二百餘年矣高皇帝設預備倉禦
荒歉地方偏災州縣不以聞者許耆民申訴處極刑永樂中河
南飢文皇治有司之玩泄者榜示天下宣宗皇帝聖諭民飢無
食濟之當如救焚拯溺何待勘為煌煌大訓我朝鼎命之隆在
此也至謂籌饟方殷浩費恐非朝廷意是又淺之乎測皇上矣
皇上御極以來以祖宗之心為心以天下之安為安廼者不因

旱齋居避正殿乎不振延綏飢乎不𩜁南陽粟乎不普免山西
新舊二饟乎微臣方且恃天恩之有素盼大吏之飛章方且噢
咻老幼撫摩瘡痍勉之以忍死須臾慰之以大澤將至而不謂
漕兌嚴期突然逼迫矣揭參符劾急如星火矣微臣奉職無狀
法重命輕欽奉嚴提之下分宜速正刑誅引義自決而必靦顏
囚首歸死司敗者非有所顧望也伏念唐石烈士馬前一騶耳
尚思排豐碑撞守卒俾自致於萬乘之前以鳴主將之勞烈方
今聖明在上居高聽卑坐使一方嚮隅恩不下究九重萬里壅
於上聞萬物憔顇而陽澤不施羣方戴盆而天光不照汝身雖
殲汝罪不容誅矣且夫蘇浙數郡錢漕金花銀之偏重天下所
知也里下辦差如解户糧長馬船頭館夫祗候擡柴脩倉接遞

站鋪牐淺夫諸色目又如寄養馬匹黃穰苗撞竿等差徭又有採買銀硃生漆鐵線香蠟金兩取求之無藝幫貼之煩猥天下所無也荒旱以來帶征有三年五年添派有助餉練餉又天下所苦也萬一賙賑無聞追胥如故虎冠之吏敲吸爲能藐爾殘黎展轉之下惟有逃亡逃亡不能因而鋌險時事將有不忍言者宋臣曾鞏之言曰振災不力小民或出無聊之計有窺府庫盜一囊之粟一束之帛彼知已負有司之禁則必鳥散鼠竄竊弄鉏梃於草茅之中以扞游徼之吏彊者旣囂而動弱者必隨而聚矣不幸或連一二城之地有枹鼓之警國家胡能晏然而已乎比者中原多故風聲播流保無有梟獍之徒包藏禍心乘間思亂初猶煽刼繼且盜兵裹誘漸繁橫流益甚陝晉楚豫其

已事矣是可不爲之寒心哉語曰失之東隅收之桑榆又曰前車覆後車戒前車覆而不戒是後車又將覆也是故欲回天意先召人心欲保東南財賦之疆先予億兆更生之路伏願皇上獨斷聖衷截留南漕米十萬石准在淮南水次駁放仍提浙江存留銀十萬兩火速散施其科辦帶徵添派各官錢暫從恩免或仿宋范仲淹守臨安興工代振故事令飢民挑濬吳淞白茅兩江赴役就食若此則收行水之利廣澤枯之仁奮列祖眷顧之靈弭五行飢穰之患塞姦人窺窬之竇鞏皇圖保定之基胥於此乎得之孰與屯一時之膏釀滔天之禍而後悔無及哉若此則微臣去職爲不徒忠言爲有補則雖膺大戮伏斧櫍且將含笑入地矣奏入帝驚歎動容踰月普免直省存留起解上供

本折錢價百姓驩嘑謂公有回天之力謹按三朝野紀云十五年正月元旦諭各省十二年以前一應存留起解上供本折錢價盡行蠲免又以江浙荒旱許各府州縣以來抵漕百姓驩嘑稱慶又云德清奏入不踰月遂有元旦蠲免恩命蓋此奏有以上感帝心德清漕兌旋亦報足獄遂解謫南直松江府照磨起臨淮縣知縣聞內艱未赴累擢刑部廣西司主事兼兵部武選司事轉戶部郎中當是時帝知公忠實有意嚮用故驟遷其官會憂歸而止無何南北都相繼淪陷公忿不欲生丙戌繼丁憂福州亦亡陳文忠迺與總督丁魁楚巡撫瞿式耜等援立桂王子永明王監國肇慶故輔蘇觀生懷貳別立唐王聿鐭於廣州永明王旣監國起文忠督廣東福建江西湖廣軍務並勑公團練水陸義師勑曰破斧之章首爲輔臣誦之次卽及於爾矣欽哉會

大清兵入廣州聿鐭執死明年春張文烈公家玉陳忠愍公邦彥及新會王興潮陽賴其肖先後起兵公亦以六月墨縗舉義盡毀其家輸軍實與文忠募旅於九江舟師千餘艘多蜑戶番鬼驍勇善戰亟約忠愍共攻廣州撫花山盜三千人僞降得守東門結衛指揮楊可觀楊景燁爲內應舟師剽銳甚一戰奪西郛磯臺焚敵樓殲突將城中大震嚴詰反側可觀景燁事洩死三千人皆坑殺兵遂衂

大清兵方破文烈於新安聞報遽反忠愍相與謀邀而火之於禺珠洲側陬亂復敗忠愍奔三水公與文忠御還九江故御史麥而炫破高明來迎迺入攝縣事以待西師九月

大清兵逼高明爲十覆迭攻之公激勸忠義晝夜登陴拒守五十日

而城陷文忠被執公從容西嚮再拜齧指血題絶命詞遂握刀帶雙鞬馳下冒敵而死年四十六庠生區懷炅舉人區鈂以下從而死者二千人城中男婦皆喋血迸命無一生降者難後其城遂空實丁亥十月二十九日也謹按楚庭稗珠錄十月廿九日李成棟破高明執陳文忠及邑庠生區懷炅生員區宇寧曾一唯同省殺之攝縣事南海鄉官朱實蓮力戰死邑舉人區鈂貢生楊從堯譚熙吕程憲京致仕譚應龍生員楊如桂關倫紀譚建新楊從先譚夢蘭譚介維嚴必登譚登魁譚有珍譚象璠曾敵佐劉民欽李宏才譚象輿劉景星楊而楠譚燧譚繼俊楊際昌程憲雍楊應遜李鍾岳楊本立譚可美劉守芳譚雄養麥萬垓莫可當等及男婦二千人俱巷戰死先是麥而炫譚相國率衆往新輿至十二月而炫同弟而熠及嚴曾謝達等在東安被執同省亦死於是高明城內遂空迄今百餘年尚荒涼也又按南海舊志時同事死者黃炅元兄弟皆邑庠名士次年江粵內附詔

贈公光祿寺少卿蔭一子入監御史饒元璜言諸忠臣賞薄晉

贈嘉議大夫兵部左侍郎三代同官諭賜祭葬再蔭子國子監

助教錦衣衛正千戶恩邺有加焉公既毀家子國薦國藹幼弱邏騎跡之急同里處士陳南叟冒死匿之複壁中數年禁解獲全處士公僚壻故與公同娶於高明區侍郎大倫者也謹按處士所居曰高樓坊匿遺孤處古蹟尚存公幼有大志雖長華膴被服必於儒者工詩文重氣誼士類歸之至性天植事君不辟難馭衆無匿誠其發也如鬱發怒雷屈而必達常日誦蘇軾之言曰吾曹既效命於世有可以尊主庇民者則忘身爲之其它禍福之來有不自我者不足較也著有積雪軒集冬春草横雲軒集春江詠西樵草鈎行於時惟冬春草詔獄時作陳文忠謂其忠孝之理一篇之中三致意焉其言最善入人云

大清乾隆四十一年丙申褒錄勝朝殉節諸臣

賜謚烈愍予祀忠義祠據明史列傳　欽定古今圖書集成氏
族典列傳　欽定勝朝殉節諸臣錄
御批通鑑輯覽唐桂二王本末三朝野紀四朝成仁錄南
疆繹史楚庭稗珠錄粵東詩海陳文忠公手簡吳鍾巒冬春草
序廣東郝通志阮通志廣州府志南海縣
志高明縣志九江鄉志沛國世紀參脩

謹按明史及諸志書謂公原官主事
欽定古今圖書集成公本傳云陞刑部
主事轉戶部郎中履歷甚明足昭傳信故
殉節錄詩海小傳皆從之今亦據爲定論
又按明史謂陳文忠以丁亥八月起兵於
九江村省邑諸志並同鈞似未覈陳巖野
集後陳公本傳言七月公將攻廣州先使
衛指揮楊可觀楊景煜爲內應而謊花山

盜三千人僞降得守東門於是與文忠會

師九江約文忠從徑道攻廣州西南而公

從海道攻東北且邀李成棟歸路期以七

月七日薄城城中人三鼓皆發約既定公

引舟而東而文忠以五日薄城一鼓奪西

郛礮臺火器猋發焚一角樓敵大懼嚴捕

細作而內應謀洩可觀景熛並被執死又

犒花山三千人於院分伍而入入卽斬之

據此則起兵非八月可知惟南疆繹史永

明王紀畧稱　大清順治四年丁亥六

月庚午朔明大學士陳子壯起兵九江鎮

與張家玉等破東莞高明諸縣秋七月甲辰進圍廣州不克月日與陳公傳合當得其實據明史陳邦彥傳七月與陳子壯密約復攻廣州子壯先至謀洩云云卻不誤足以相證又九江鄉志稱丁亥六月閣部陳子壯在鄉奉勅起義聯絡義兵千艘朱實蓮奉勅團練水陸義師七月義師兩攻省城不克恢復三水清遠高明詮載亦確今從之明史公字子潔圖書集成作絜按漢唐石經宋九經潔己以進俱作絜字又按劫灰錄謂李成棟入高明公與陳文忠俱被執同日死廣州市與史志世紀戰死之說異此書奉禁記載多譌今不從

九世松濤公 從父昺弟子亭公附

公諱會蓮字子茂號松濤箕作公三子也番禺邑弟子員績學工詩尤以才諝辦治顯初崇禎十七年詔天下被陷州郡員缺悉聽撫按官辟選更置不拘科目生員而其時以知兵保舉韶署著稱者率假監紀推官董戎事歷行閒永明王正位號公膺薦辟驟授監紀推官難後山澤徉狂以遺民老爲詩秀朗閑逸絶去謌囂頗近大復山人格調鄉正覺寺歲建上元道場同時佚老野服游敖陳給諫子升曾文學君棐鄭文學貿黎州守春曦從兄協蓮等咸有詩金春玉應號稱極盛公吟成羣謂壓倒元白也從父昺弟現蓮字子亭則明公次子溫惠有文見者期遠到年三十三遽卒妻歐陽氏節行自有傳 據明史選舉志九江鄉志世紀淨燠

公伯蓮子亭公墓誌參脩

九世飛泉公 弟華千公長齡公從祖昆弟懋庵公附

公諱叔蓮字子度號飛泉懷玉公長子也隨陳文忠舉義以武節顯名歷官游擊漸漬家學親風雅善書畫有儒將風其寫生設色多傳於時公弟振蓮期蓮振蓮字子啟號華千與物恂恂無遽言厲色期蓮字子愛號長齡補諸生繇三水籍篤行有聞國變並隱居不仕初與公同膺武選者有從祖昆弟世禎字子瑞號懋庵九萬公子繇武生應海道辟選委管營哨兵務有能名據世紀脩

謹按長齡公名世紀作期蓮康熙丙申舊譜作朞蓮按公祖夔州公墓碑作朞蓮則

作碁蓮非是今以石刻爲定

九世騰一公

公諱龍齡字飛卿號騰一正齋公子也幼失怙母張氏苦節自有傳公旣孤露耽玩墳典以辭翰知名於時兼通曲藝慕戀偏親不言祿仕里居教授五十餘年節母以遐壽終門下士多科貢發名者據世紀脩

九世海若公

公諱光祖字象之號海若太一公子也丰儀冠玉器幹周通繇邑學中萬曆四十年壬子舉人選授廣西融縣知縣融猺獞襍居頑獷呰窳公愍其陋手教開示躬臨化誨昏喪服器各有條式傖俗漸革深箐邃谷洊有都邑之風甿庶知感益以愛養爲

事豪猾侵漁者竄伏縣人甚德之巡撫王公尊德表上治狀爲
嶺西列屬最傾心薦達崇禎三年庚午分考進陳天明等連擢
上第號得人時有亡命韋付能以梟悍擅西甌流寓融境與猺
藍大口相讎殺假南丹州狼兵二千屯郭外走使邀取印檄與
藍鬭士民股慄代請公堅不許嚴爲備謂邑衆曰吾氣亟吞賊
敵鈞猶制勝況名義足讐之乎諭令解散賊果宵遁公之久在
融也行擢授矣屬有巡檢誣訐事閩人巡檢徐行悌兇狡人也
介恃其子居兵備幕挾公謀攝王簿公訕之借荒後缺糧額中
傷下府覈視事白奉兩臺提責悌計窮百方構陷會遷南直揚
州府通判迺乞養歸年六十二卒先是正德中里人曾俊嘉靖
中博羅翟宗魯迭宰融縣有聲語曰融令清白前曾後翟公繼

鄉先達後名輿頍頍邑人以爲美譚（據九江鄉志世紀參脩）

九世松蘿公

公諱光允字嗣之號松蘿湛一公長子也脩述儒學動止有儀偉然負清望充邑廩生試輒冠軍萬歷二十八年庚子鄉試取雋魁書本房仍失解又五試中四十三年乙卯舉人七上公車歸則選支授徒亟爲諸生講經世之學一時名雋馮工部毓舜關戸部家炳黃給諫葵日等皆出其門初選龍川教諭出倖築尊經閣立鼇湖社課多士策禦流寇督毀淫祠尤振丰采內遷國子監助教轉監丞擢戸部陝西司主事（謹按關主政家炳湛源公墓誌稱公官戸部員外郎）監督寶泉局事奉命協理錢法三載釐剔奸弊歲增息數萬前政積逋完墊具足公私賴之時郡國軍興度支大絀廷臣

爭抒計畫戶部尙書畢自嚴擇上十二事曰增鹽引議鼓鑄括雜稅覈隱田稅寺產核牙行停脩倉廒止葺公署南馬協濟崇文鋪稅京運撥兌板木折價已復列上十二事曰增關稅捐公費鬻生祠酌市稅汰冗役核虛冒加抵贖班軍折銀吏胥納班河濱灘蕩京東水田殿工冠帶帝皆允行然搜索瑣碎獘混叢興於灌輸仍鮮益也其天下田賦萬歷末合九邊饟止二百八十萬至崇禎初加派遼饟至九百萬勦饟三百三十萬業已停罷旋加練饟七百三十餘萬歲約加舊賦二千萬有奇海內人不聊生益窮愁思亂公蒿目時艱劑量斟酌作戶部籌饟政議論者謂其言無夸飾切實可行崇禎十年五月竟以勞悴卒於官年五十八管尙書事戶部右侍郎吳公國仕疏請卹典事蹟

紀錄付史館公清標絶俗久任擅曹一塵不涴京邸費恒給於家不繼則妻父陳縣尹超然佐之既卒同鄉黃內閣士俊梁翰林兆陽葉都諫廷祚郭都諫尚賓入視含殮簡遺囊餘官俸八緡而已皆嗟歎泣下羣佽助歸其喪在官留意桑梓粵中利病鋭意興革蠲穀稅淸廠蠹兩條陳尤孚輿論生員左逢世沈寃犴狴十餘年力爲昭雪省釋其懇切嗜義多類此故於其卒也鄉人怛痛慕思之據明史食貨志九江鄉志風操堂集世紀從孫烈本墓誌參脩

九世開雲公

公諱光衡字開之號開雲湛一公次子也資穎百常童十歲作聞雷詩十二隨父任咸寧作送王父還鄉詩皆雋邁殊絶於人稍長淹貫百家諸史詩古文辭旁及書翰俱工與毋兄戶部松

蘿公從兄通守海若公自相師友兩兄交讓之弱冠以禮補邑庠生數囷場屋遂放情詩酒聲伎以自娛仗義忼慨赴人急難揮金如土與伯氏分產準折昔所嘗費兄弟交讓久之善爲詩飄逸幽折得謫仙風韻有貴介欲奪所眷女侍書公一夕代賦青樓怨五千言鐫刻成帙雖古子夜桃葉辭無以過旦日示貴介貴介驚服踵門謝盡驩而去天啟六年卒年三十八著有客話游息齋草獨游草象谷戲草恨草行於世據南海縣志九江鄉志闕名本墓誌

參修

九世英巨公 兄楚毅公附

公諱環字乾中號英巨惺宇公次子也奇慧讀書過目不忘年十一賦落花詩出語驚其長老既束髮嚮學與兄璧齊名璧字

乾章號楚榖豈弟孝友爲邑名諸生少偕里人黄副使應秀游庠同研削者十餘載稱刎頸交公學鎔鑄經史好講求天下形勢阨塞嘗夢古衣冠老人授以武經自是遂於韜鈐著有兵畧管窺三卷自謂得孫吳之祕然矜惜不輕示人屢試不售遂寄興柔翰日與諸名士遝來於西樵白雲閒興至輒引大白賦詩爲樂性豪喜俠而持己甚介親識亟高其行惺宇公耽吟詠公覩於無形居恒與兄迭唱咸得其驩心編詩曰朱氏塤箎集即公兄弟唱和娛親之什也伯氏詩力追中唐沖澹有自得之致公詩孤潔陗厲不蹈前人蹊逕亦足獨步一時畫法二米有偏眞者時人競藏其手蹟天啟七年赴試廣州舟覆卒年勵三十七士論傷之謹按九江鄉志天啟七年三月十九日生儒應試問渡沙頭過奇槎舟覆溺死百餘人本鄉居半

方公之未殁也宗族交游羡其才博靡弗以時俗所貴者期之而公亦未嘗自言所志於人迨閣部陳文忠公子壯舉義亟謂家戶部徽龠公曰君族兄英巨志士也才可用曩令伊人宛在則吾屬此舉克分帷幄憂矣公殁垂二十年猶爲名流眷憶若此初東陽張忠敏公國維令番禺聞其於郡城西反過客遺金爲之傾慕馳書聘就師席公謝不遑張公嗟歎手書高風偉節四字以贈云公所著兵畧壎篪集外有周易闡微史要拙齋雜錄守拙山人全集據黃應秀惺宇公墓誌彭貞本傳從子國材本墓誌參脩

九世雲漪公雲庵公

雲漪公諱宴字乾泰涵宇公長子雲庵公諱璿衡字乾齊海玉公三子雲漪雲庵其自號皆粤軒公孫也雲漪生而彊記日誦

數千言不遺一字時士人治禮經者希涵宇公起家尚書以公之敏也授以戴記公覃精探賾豁然貫通一時言禮者皆歸焉甫冠爲邑令劉公廷元賞拔進補郡庠生學有廉隅尤喜實事求是不期衒世廣場坐對風貌樸遬溫溫寡言見者以爲鄉老或不與拱揖及質以疑義則縱横博辯口如懸河聞者心折郡邑貴游延講戴記無虛日子國臣國材開浩社於鎮海樓同社數十人咸仰公爲山斗樂師宗之注禮記四十九篇傳於家雲庵爲公從弟亦蚤補弟子員爲一郡冠才名藉藉卒困諸生無稍儋家席素封餐脫粟衣褐衣蕭然若貧士其與人交和光可飲也酒後耳熱童奚稚子可與言驩至雜以非義則項發赤髮上指雖親昵無所貸族孫宗元誌墓以謂公晶中朗外步榘趣

繩敦彛選交守和握固大都治經顓慤不如雲淌操行弗讓也雲淌順治八年卒年六十三雲庵康熙二十八年卒年七十九

據阮解雲淌公墓誌族孫宗元雲庵公墓誌脩

十世東湖公

公諱如川字叔元號東湖都矯公次子也嗜學以博洽稱事親色養備至體羸善病親禁不令讀迺丙夜翳燭闇誦勿使知久之病日臻有告以岐黃術者瞿然曰身體髮膚受之父母不敢毀傷孝之始也吾縱不能立身揚名忍以毀傷憂二人虖且爲人子何可不知醫於是移其治學者治醫不半歲病霍然瘉而世之求診者日滿戶外遂諠然以國醫稱矣公繇是壹意以葆眞樂志爲事不復繫情榮進脩竹之陰風月之夕徜羊甚適由

由然童冠可偕而寵辱可忘也以醫隱終同郡尹太常源進謂公蓋有道者非直一世士也尹公四世通家子最知公（據尹源進墓誌修）

十世遠公公

公諱厓舊曰如堦字遠公荊門公長子也淹通誕放介居夷惠之閒自以名家孫世變不仕出與處士番禺屈大均華夫東莞張穆鐵橋順德辟始亭剛生始亭弟起蛟牟山及北田五子何絳不偕何衡石頑陶窳苦子梁槤器圃陳恭尹元孝等游諸公皆斂衽下之元孝終為撰傳傳曰朱山人厓南海人生弱甚而有氣操於交友最篤遭亂棄舉子業挾其技以游無所遇年三十七而卒嘗夜客帥幕武士四五人相與論刀棒君於月下聽

久之謂曰此法未精密也四五人顧見其文弱皆笑曰秀才何與刀槊間事邪君請與試對執丈二棒於一隅立武士一人前盡其擊刺之術君植立不動眂其所攻而徐應之意態甚閑而攻者終不得所欲君竢其迴旋急進足深剗之中其股而仆君笑謂四五人曰皆來四五人者忿執刀仗四面至君進退左右不越尋丈而棒之所及四五人無不失仗嘷伏者君嘗爲余論曰丈二棒而操其中前後餘各五六尺手動寸則末尺動尺則末丈而戰者常側身所備者縱七尺廣七寸耳故手上下左右不使過六七寸則力專而握固以拒則堅以擊則破昧者用力費而神搖是以敗蓋吾師云然亦兵法也善白描人物得古意矜惜不輕予人尤不肯爲時貴人作垂殁之年益精而世希得

之詩存者若干首元孝文出天下皆羣然想公丰采矣據南海縣志獨漉堂文集世紀參脩

十世嘯峯公從父中洲公子景斯公附

公諱元英原名培泓字澄脩號嘯峯庇亭公長子也以詩補新興學廩生康熙五十一年壬辰歲貢讀書耽道友教州里號稱儒林丈人能詩善書兼精六法當世推爲三絶其詩清圓靚麗風調不凡每遇疊韻尤以莩甲新意見長詣到吳興熟境繪事煙雲杳靄氣韻蕭疏最得文董家法公亦太邱道廣逢人乞與四方投贄趣庭者縑素塞屋有鐵門限之稱金石碑版揮灑日富里人陳博民搬築桑園圍於明初功在枌梓同時新會黎貞爲作祠堂記而墓碣迄三百年未立後人特乞銘於關太史上

進而乞書於公時謂皆國士選莫年造詣益復精進門人陳忠爲畫讚曰先生紫陽裔一時稱賢豪小子少操觚曾仰門牆高追惟公壯年雲霄一羽毛今年七十六幽居且陶陶接見屏山麓白首任重搔磊落縱行吟竟日不辭勞余爲寫其眞癯形宜道袍丰神一似昨曠懷隨所遭廊廟失此人邱壑任吾曹辭賦共收拾留以續風騷屏山者瀧東玉屏山公講學於是與闗太史各爲詩所謂蕙園唱和者也年八十三卒著有鏤雲齋集初吾家世業風雅其書畫之學則白岳公崛起名世而攢雲公羽翼之衍於中洲公飛泉公淨煥公逵遠公公暨公父子稱一時之盛白岳公等皆別見中洲公諱端御字自李別號中洲居士文屏公次子西寧諸生改南海庠兩科武舉夢偉父也公長子

長祺字景斯亦篤厚能畫據木蘭軒集陳忠本畫贊世紀採訪冊參脩

十世受子公吉子公

受子公諱國薦吉子公諱國藹受子吉子其字吉子別號崧山皆徵龕公子也以徵龕公難廕受子入國子監尋以御史饒元璜言加廕國子監助教吉子亦廕錦衣衛正千戶有旨令及歲得朝見授官當家難時兄弟皆幼弱怙危甚爲從母夫陳南叟所匿劚迺獲全語具徵龕公傳既而冒死迎喪反葬於王父夔州公兆蓼莪之痛豈復悽切鬱鬱辟人而行其後受子隱居奉母不去其鄉吉子逾嶺嶠涉湘漢遯迹蜀中徘徊草澤卒無所就而反同里岑處士徵志節士也贈詩有頻從密坐詢行蹟愁鬻寒鐙問刼灰去住無成俱老大酸辛同過十年來之句二公

竟以齎志歿於家據選選樓詩集世紀參修

十世南軒公族昆弟存心公省我公附

公諱禧龍原名汝棟字居壯號南軒開雲公長子也就傅喜披覽經史大父湛一公聞而樂之挈諸贛州官舍益脩謹有成人風尋補順德學弟子員歷試四十年數奇不遇然恬夷無悶以守素終其身康熙二十三年卒年七十二時族中風氣敦龐人無夸志其尤勵長者行斂退無趮求者曰焞曰汝賢焞字裕君號存心長齡公次子賦性滀直少與劉進士一麟同學文行相先業師劉公士課最器之出試遘三藩之亂迺絕意科名閉門教授晚補廣州儒學贊禮生員汝賢字建立號省我性亦朴直孝悌力田終身居古上沙樹德里君子謂兩公之篤行於其署

號知之也省我以康熙三十七年卒年八十二存心壽八十其六卒在雍正九年據關嘉蓀南軒公墓誌男元昌省我公墓誌世紀參脩

十世四古公兄南喬公子東暘公兄子勖齋公附

公諱國材字篤甫號四古雲漪公次子也年十三進郡庠旋授廩餼隨雲漪公館會城提學科歲試大府觀風公輒傾其曹輩拔爲冠軍時社事盛興吳越豫章競搦應社復社幾社等標目鐫文著錄帳飲徵歌千里嚮赴公希風而起亟與兄國臣倡浩社於廣州鎮海樓國臣字世甫號南喬邑諸生蚤歲兄弟齊名社旣闢會者數十人皆嶺海英儁一時文采翕習聲華掞張前此未有也鼎革後洊更世難意氣益平踐履益篤所爲文益旁魄入古擅絕當時每一義出人士借觀朝傳夕徧康熙十二年

癸丑歲貢十三年甲寅

廷試

旨擢第一名尋授開建訓導敎士有恩色厲以溫指畫諄諄可畏而親諸生心藏之年六十七以康熙二十八年卒於官公晚年神思轉澹與道大適嘗揭坐隅曰吾何求哉吾何求哉吾惟天所命而已又曰願天常生好人願人常作好事餘無嘗焉性通和好宏奬氣類人有一技誇歎不容口其行能傑出者則折輩行下之關檢討上進未第時贄文於公公詫爲絶倫出槀付檢討彈射檢討亦歎服謂入妙入能一字不可增損當是時兩人齒後先相去蓋三十年脩北海平原故事爲忘年交論友誼者至今以爲美譚及公捐館檢討哭之慟又賦挽歌十五章以謂夫

子在則肝膽若可恃夫子歿則歲月皆無聊生身四十年惟夫子知我也公所著有四古遺稿子燮元兄子耀眞皆知名燮元字始升號東暘連州廩生力學不廢治生晚致沃饒耀眞字衢升號劬齋國臣子信宜庠生亦經營而進取不輟云據木蘭軒集世紀阮解雲濟公墓誌採訪冊參脩

十世樂餘公藍隱公

樂餘公諱殿孚字光卿行五藍隱公諱殿獻字賢卿行六皆龍巖公子也厥兄三人各自樹立而二公居其季次相連年相上下而生平志行正復相等爲人樂易仁厚於物未嘗迕眂溫溫似不能言及卽之與居癒久而癒可愛閒而出其所得癒出而癒無窮粹然純明篤實之君子也遭時不偶不屑窦梯勢利以

爲理亂不知黜陟不聞者天下之完人也故甘心鶉居伏處長逝不顧平居樸陋自喜治家稍贏輒以饋親舊人皆德之暇則頫清流坐茂樹兄弟肩隨偕故人流連譚讌盤桓竟日其言簡而有意飲酒終日不亂從之游者挹其貌而悚聽其論而驚以服久與居而不能舍以去也春秋既邁長號曰樂餘言隱者之樂足於中而無待於外也次曰藍隱又即其所居藍田爲名皆志實也古有兄弟偕隱者於二公見之矣樂餘以康熙五十年卒年七十一藍隱少樂餘二歲年六十一先樂餘歿在康熙四十二年初二公志行既同樂餘娶余藍隱娶關又皆有婦道琴瑟之雅築里之矑兩無閒言故弟兄相屬預卜歸藏於新會雲堆村寶鼎山歿而同兆焉右皆族子宗元誌文云然時人以爲

信據族子宗元本墓誌脩

十世伊石公弟瑗公公附

公諱昌瑤字佩公號伊石一六公三子也朏懷肯任負遵承曾王父性庵公大父太赤公緒業學有內心而公於撰述更欲言提其要屏居家衕綢繆亭嘗增脩譜牒於敬宗收族尤有功其脩家牒也謂七世以前壹沿龜臺公萬歷丁丑本百四十年矣顒觀房世系則得之族孫北渚所貽亦兩紀有奇矣其存著繹思兩房固莫之有紀焉迺勵志詢訪或獲自一方所存也或得之半篇所遺也其闕而未錄者猶七八也又數月不遑至於再至於三不憚奔走然後彙至者始全焉蓋捘輯顛末肇端於康熙十九年庚申眂成於康熙五十五年丙申首尾三十七年而

公年亦七十有三矣其勤也如是故吾宗無幼長小大謳詠之至今弟昌京字琎公行六更名光圻少穎慧文譽赫然未娶邑試冠軍將屆府考遽卒文宗閱其文惋歎彌日據康熙丙申譜世紀參脩

十一世念倫公族祖敬波公附

公諱庠序字元學號念倫石塘公長子也忠厚子諒素有隱德自曾大父念畦公移家鄉東北堧曰石塘曰介居外戶公設誠與物間右化之年至百歲迺卒方公九十宗人悅喜爲設介眉之祝禮侑於先廟之孔安堂合樂行廚供帳甚盛公雖大耋神明不衰醻酢降升咸中儀軌雍容怡愉式燕且譽禮成宗鄙驩嘑人人得其意以去吾族介九十壽觴自公始也上沙朱氏號多老壽而克臻期頤者粵林公後有敬波公暨公而三敬波諱

守柄字鳴甫公大父行也亦以滘行亭大年邑志闕錄據南海縣志世紀康熙丙申譜男王蕃敬波公墓誌參脩

十一世相輝公子嘉瑞公超瑞公附

公諱昌國原名謙字懷六號相輝東湖公子也起家髫齡然讀書知大義士大夫多折節與交康熙十五年起從軍隸平藩戲下討禽反側數有功授把總進水師千總歷水師中軍守備海陵大捷擢援勦營都司遷撫標右營游擊歷官有折衝汗馬功而周旋縉紳閒未嘗以麤材見薄云子六龍徵龍標尤著龍徵字嘉瑞國學生州同銜性量汪夷有包荒之度龍標字超瑞恬於榮進年八十杜門教授如壯時據世紀康熙丙申譜闕名都矯公墓誌參脩

謹按康熙丙申舊譜龍標字超瑞世紀則

作起瑞起瑞是公從叔名未必冒用作字

應從舊譜

十一世逸洲公兄天然公弟覲尊公附

公諱學進字結尊號逸洲存心公次子也康熙五十四年游瓊南反督學鄭公旵取入雷州庠雍正七年督學顧公仔改復廣州原籍鄉闈十上垂老不休而無尤物骯髒之色胷無柴棘時人服其有容生平不信釋道亦不加詆譏嘗曰彼亦自爲一教吾儒置之度外可也乾隆十二年卒年六十七將終秖以不及待母爲憾語不及家兄榮高字爵尊號天然和厚鮮迕弟騰高能文蚤世人尤惜之據世紀脩

十一世厚齋公

公諱宗元，字興嗣，號厚齋，耀昆公次子也。學成紈綺，文譽煒然。童年補邑庠，連試高等，充廩膳生。同里鄧明經雄，宿儒也，讀其文，選字以女。巡撫關東石公文晟至粵，愛士有聲，觀風十一郡二州生儒，拔公第一，以其卷傳示諸生，以爲眞三洗五代之候。時公裁及冠，未昏也。旋應康熙四十四年乙酉鄉試中式，屢上公車，選授崖州學正，弗畀荒陋，號能任官，竟以土劣感疾卒，年勵四十四。公承大父魯庵公、考耀昆公家學，最留意程試經義，故蚤負時名。掇科後兼習古文辭，感物造耑，不區區前人格轍，而眞氣流行，清雄絕世，一時文士皆以健者推之。據世紀、康熙乙酉本鄉試卷、觀風卷參脩

謹按世紀、祖祠恩光錄，厚齋公任崖州學

正卒於官廣東阮通志作官教諭誤

十二世北渚公 弟接希公附

公諱順昌字宏矩一字叔劉晚號北渚暘谷公長子也穎異有雋才蚤游孝廉關嘉薦思齋門關先生許爲都講康熙二十三年以詩補恩平庠生明年充乙丑拔貢肄業成均祭酒常熟翁公叔元器重之四十八年選授清遠教諭五十年丁內艱歸五十三年

覃恩封贈起補文昌教諭五十四年奉

旨赴京考試引

見暢春苑六十一年再荷

覃恩雍正七年俸滿遷高州教授自以年屆七旬引古大夫七十縣

車例致仕歸公爲人眉宇清揚頎身玉立然豐下不戍削宛有容觀器幹開敏志在救民立事既束儒官無所試慊慊教士暇猶欲於所甚利害者竢閒贊行之累官在文昌最久文昌令遼陽馬日炳健吏也勤於厥職公與爲寅僚且十年稱契洽文有繕撰事有仍革令每咨而後行邑乘闕略令屬公脩纂發凡起例薙繁補空不從撓阻遂勒成文獻專書歷乾嘉至今百四十年猶行公本邑蔚文書院有濟貧濟荒辦祭科舉田皆勷捐義舉日久弊生積多侵冒公偕令奉文追覈一一清釐縣城舊建東門與南北門品列而三明季壘闉民氣暄鬱公贊馬公上狀於府及時捐闢公仍爲撰記牓曰文明人皆稱便報遷高州遽解組或曰高涼美缺何老詩不念子孫公太息曰好官能歷盡

邪吾年已及遑恤其宅歸休數載年七十□卒於家生平耽著述嫻吟詠兼以翰墨自娛爲詩於豐綺縟麗中別具性靈不專塗澤在文昌時擬八景詩傳誦瓊南非其至也書善行草求手蹟者絡繹闐門雖休居染翰無虛日廣交汎愛所與游多一時名宿於同里關孝廉龍關中翰鳳喈尤莫逆中翰墳草已宿猶惓惓序其詩以行方外友則成鷲跡刪最密跡刪嘗謂公其行皭皭其言諤諤一坐春風如朱光庭之湝懿神仙風致如朱希眞之磊落好學洽聞如朱萬卷之淹博窮理盡性如朱考亭之道學聞者不以爲阿也所著文昌縣志十卷外有顒觀房世系全圖古循閒囈江郵雜詠清署吟北行草南游紀行海外集各一卷季弟順恭字同矩號接希注籍禮部儒士兼精計然之術

殖家富饒莫年寄情絲竹歌曲有隱者風比歿與公同墓據廣東通志文昌縣志桐齋集世紀康熙丙申譜何如瀠本墓誌參脩

十二世江峯公

公諱元叔字乾滋號江峯耿庵公七子也幼孤無藉孝友蹶興業富行能性成貞惠蒙學三載與人爲傭旋而負販旋而貨殖歷數年坐賈於郵墟贏餘稍積窮乏之多賴之然終以儒術未脩壯志未酬爲歉爰物色傭保中得順德陳生亟加該誣復脩執贄禮受業於鄉宿學曾登五茂才雍正七年入粟爲國子生十年捐輸授主簿職銜歷應十三年乙卯乾隆元年丙辰兩科鄉試雖不售鄉人屬耳目論者謂漢公孫宏承宮等俱起徒隸傭伍卒能脩儒學監功名公之志事非不古人如也其成就蓋有

孥不孥焉丙辰孝廉吉兆公族子行也性介寡諧許獨謂公行事翕然滿人意堂上之生事葬祭不以物儉也同氣之友于不以財乖也羣從甥壻之或士或賈不憚曲爲謀也且俠情高誼凡夫家之秀鄉之望國之賢初非有意求援而常喜爲容接故諸朝紳名士心目中無不時有江峯翁其人者又餘事迺勵及書畫之癖而絕遠於求田問舍者之所爲可謂義心淸尙矣乾隆十一年卒年五十七據關上謀本墓誌族子吉兆祭文曾孫深遠族祖廸之司馬先曾祖祭文書後參脩

謹按關司馬本墓誌謂公爲耿庵公第七子世紀則謂爲第四子康熙丙申舊譜亦秖有培叔國叔名叔元叔四人今考耿庵

公墓碑國叔之下名叔之上增一陽叔意諸子中有蚤殤者譜與世紀不列耳誌表出其家求請定有狀畧未必誤也

十二世木齋公

公諱道南字接東號木齋鏡湖公次子也小名佐興鏡湖公諱世昌字元匯學行交飭嘗籌祠產厚族人公弱不好弄士流以方謹見稱補邑庠生舉乾隆二十一年丙子鄉試一上公車輒戀戀養親不復出授徒於鄉以經義造就胡廣文珽等出其門終身名有師法移館新寍猶之其鄉也十年之閒郡邑爭迎主講三十一年

上命王大臣以身言差天下舉人之久次吏部者一等試知縣二等

試學正教諭訓導著爲令曰大挑更數年一舉是時海內殷繁
朝廷至行省皆法令具備知縣但據桉行文書而坐擁脂膏不肖
者遂以爲囊橐其賢者不日遷去或十年卽建旄節至大官於
是舉人皆願就大挑得一等不樂在吏部需次教職薄爲儒酸
公獨不應挑以教職爲能用所長三十四年選靈山訓導四十
二年四十五年疊奉
覃恩封贈父祖里鄙以爲榮公既任學官教士亦本經義守家法猶
之其主講也教官與弟子號有師生誼類多節目闊疏蹤跡曠
隔會講月課率眡爲故事名存實亡公推誠指授諸生日集齋
中無不樂奉規條者邑童子藉公選秀莘莘隨長者後負笈從
游比公六旬諸生儒奉觴製錦闐溢戶外縉紳耆老又相率造

萬民繖蓋投獻衙齋皆從前學官所希見時人豔稱之初公之舉於鄉也令甲沿故明舊制未有詩其後遂變公爲教官綿州李調元以吏部曹司督粵學嗜稱詩拔奬少年輕敓子弟不喜儒公持版庭參且報考風貌樸古迂緩其衣冠拜起舒遲不中趣蹌節李弗悅及考詩又不工李迺顏變頳詰責多辭遌復甚苦公窘甚鞠躬踧階下不得退忽聞李嚄喑詈曰若舉主何人顧以科第與風漢邪公抗聲曰梁中堂李矍然止揖公出梁中堂者會稽梁文定公國治也時爲相公出語人曰道南不佞一生得力師門也其樸誠如此五十三年遷肇慶教授未上卒於靈山年七十據大雲山房集世紀胡芳洲本壽序採訪冊參脩

十二世梅軒公從曷弟洪光公族曷弟南嶺公族子霞城公附

公諱春林字太生號梅軒逸洲公次子也夙負文名乾隆十年歲試與同縣林紹唐俱爲邑令萬公紹祖所識拔十一試卒擢公第一萬公謂人林生文如干將莫邪虎氣騰上見者易爲目懾朱君文如大樂希聲眇致縣解非經獨炤之匠恐遂沈蘊故不以彼易此也已林洊捷南宮公竟以橫舍老如萬公言著有沛國世紀一卷沛國云者蓋仿唐盧藏用范陽家志之例舉郡望也其敘述按世次前後先臚本支附以族屬議者謂公自四世南塘公七世夔州公以來宦學相承青箱不替其見聞最博故是書質轄而能覈婞直而非誣閒有脫疏未乖確錄足補萬歷丁丑康熙丙申兩譜所未備爲功家乘蓋莫尙焉從晜弟憲昭字洪光更名希夔天然公長子以詩補郡庠生秉雅性嚴於

自律有清名族昴弟先登字康岸號南嶺武臣公長子亦脩文行嘗與族父世昌會文唱酬甚盛世昌子孝廉道南雖雁行以父事之自梅軒公冠軍進學後族子博復以府考冠軍補郡庠博小名發解字赤堂號霞城侶萸公長子嘉慶十五年庚午以年例

欽賜副貢生據世紀族弟道南南嶺公墓誌採訪冊參脩

十三世樵南公

公諱吉兆字迪之號樵南星齋公長子也星齋公諱福原曰官福字萃遠端厚能禮士喜作養幼弱使成材人皆卜為有後公弱齡有執甘清貧守節概游州里中未嘗以酒食相徵逐金帛相市交朋舊或載酒讌游揮金歌舞輒匿不與蚤補邑庠中乾

隆元年丙辰鄉試年二十一矣久不第需次於家惟以館穀自贍暇則合郡中子姓之賢者興築會垣晦翁書院以收族屬房眾瞻仰號爲宗英二十七年選授河南汝州直隸州淸軍糧捕水利鹽驛同知州同非劇職公歷官三載廉勤日聞遂膺薦牘二十九年遘疾卒於官年四十九公鯁亮負時望受事日淺未躋大用時論惜之同年生馮學使成脩謂公如渾金璞玉其存心不欺足媲古循良吏云據公祭族叔乾滋文晦翁書院記馮成脩本畫贊族孫深遠廸之司馬先曾祖祭文書後世紀參脩

十三世二樂公

公諱大昌原曰可炤字昶霄自署二樂居士江峯公子也遐邇稱莊士援例入國學屢戰鄉闈與一時通人名碩聯鑣文序互

相韻頡頏嘗偕關同知上謀曾學正文錦等篇章唱和疊韻至百不少休諸公讓伏天才捷敏凡酒令鐙謎坐銘楹帖矢口應付率皆玅絶時人里人傳誦至今有丈夫子七士商文武各予專門咸有所成就故鄉鄙推士大夫有家法者必首公年六十一乾隆六十年卒據關上謀江峯公墓誌關士昂本墓誌採訪冊參脩

十三世龍泉公

公諱炳元字劒書號龍泉承風公次子也充郡增生工舉子業名傾一時初乾隆中士林稱舉業祭酒者曰關公銅池梅公衷謀關公仁虎鄧公翰西暨公而五並於鄉隣文社著聲月旦出五人者迭爲弁冕執牛耳盟故里諺有五虎將之目據四書蠡說序採訪冊參脩

十三世景園公

公諱福字錫遠號景園樂舒公次子也克脩儒行而行文仗氣愛奇通考並取進南海番禺縣學補南海庠生性夷曠徜徉盛世兼有水泉禽魚之樂以故材術非不可用無舍所爲爲人意優游漫浪竟以縫掖終嘉慶二年卒年七十八自南川公徙家鄉西偏鬱水上曰盧橘洞河麋舄鹵號少文學士公翯然秀出英聲振一時族孫孝廉士琦嘗歎曰梁簡文有言濉渙之水可居鄒魯之鄉可貴蓋地以人傳矣據世紀續族孫士琦本墓誌參脩

十三世江勝公族舅弟炳齋公附

公諱世貞字興祖號江勝健堂公次子也讀書應舉矣已營業於海南小有遽反爲人守信無貳諾裕辦治才凡營葺先廟綜

擘丁糧百廢仰興公私攸賴鄉有叢祠曰儒林廟僝功脩建以公來尸高下百楹並興偕作水衡度支其麗不億公一手征繕人無後言鄉紳馮公城等眂成而已晚益謙謹無故不出戶庭里人舉鄉飲給冠帶嘉慶十八年卒年八十三同時以湻謹稱者有族晜弟務章務章字斐興號炳齋純禮公長子治家嚴飭惟日以守分遂生睦親信友爲教故子弟成立者多當其年逾古稀子姓羣請稱祝公辭有待迨嘉慶元年

登極賜民爵級公躬荷

覃恩榮膺冠帶戚族登堂酌兕公迺听然解頤曰田夫野老榮身惟竢子孫豈意身歷八旬亦自能邀榮於垂老乎嘉慶六年卒年八十三弟務賢亦有湻行（據採訪冊族子儒乾炳齋公墓誌參脩）

十四世南溟公

公原名爾綱又曰爾鵬字程萬以字行別字南溟二樂公三子也少與鄉人士會文於沙溪來者不距命曰通天社一時文釆稱盛而公與高才生關明府士昂陳孝廉履恆最爲魁壘乾隆五十三年受知於督學仁和關槐補邑庠生連授廩餼關在官蒙簠簋惡聲時拔一二人望俊雄以自蓋公見收都人翕服試鄉闈者十有五迭膺房薦卒不售嘉慶十三年考充歲貢生於是公亦有勸志矣公體貌豐碩風度凝然性廉謹靜穆自喜里居授徒不交戶外事講誦已輒掩幃晏坐或反闔婦孺相對而已然鄉隣有急時奮身赴難義氣騰涌無它謏諓也十四年夏海寇張保闖入內河焚畧郡縣大震公偕陳孝廉等倡謀守禦

選驍健鑄鎗礮奔波徹日夜五月丙寅賊大至艚船五百餘拔
猖甚眾拒敵於鄉南方沙口相持者二日賊卒敗去語具公紀
事中是役也制府百公齡謀斷海禁困賊而內地以無備爲所
乘新會順德香山番禺南海諸邑沿河邨堡多被蹂躪惟吾九
江以綢繆先事屹爲巨防賊挫鋭而去事平鄉隣甚德之公教
授多在家門士友自遠而至其教士也自舉業經訓外議論好
傳以史事證据紛綸馳騁今古尤喜春秋左氏傳每當宵涼無
寐秋蟲鳴階必𠰥諸生錯坐月露中與譚左傳津津然至漏沈
斗轉不之止嘗以謂尚書史之太祖左傳史之太宗古今治天
下之理盡於書而古今御天下之變備於左傳明其理達其變
讀秦漢以下之史猶入宗廟之中循其昭穆而辨其子姓瞭如

指掌矣至於兵法奇正之節自司馬穰苴孫吳以下不能易也當乾嘉之際文體骫骳房行墨義以餖飣為工公獨能根極理要其鴻灝鉅麗者或以古文為時文自審與時鑿枘故雖文譽蓋世軼出輩流而蚤有退志陳孝廉嘗投公與關明府詩曰勸君且勵蘭陵學勸君且揮武城絃賤子無知亦努力人事既盡天公憐蓋其時明府方罷縣孝廉鄉試未雋也公輒和曰我聞文藝投時好琴瑟不調須改絃此事畢竟付兒輩傲骨不受天公憐其介直如此詩才瀟灑能藻暢襟靈古文特工記載其鋪敘文直而事覈足備它日史材錄其記已巳平寇一篇畧著梗概其辭曰嘉慶十四年春制府百公（原注公名百齡姓張氏號菊谿正黃旗漢軍人乾隆壬辰進士）奉

命總師百粵粵中士庶鼓舞驩嘑以復見青天爲幸夏四月公入境父老子弟即以復見青天四字標幟前迓蓋公昔年任廣東巡撫拯寃抑黜貪競風采最著尤以安民弭盜爲急戟門設鼓凡民有疾苦者擊以聞一時官清民樂宵小遁跡外戶不閉會擢去縉紳奔走赴當道乞據情代奏予留去之日市民無聊各負米一囊塞官廨須臾積米如山不可去公迺夜從廨後射圃出百姓慕思悲悼衢巷相弔城市爲之慘澹無色者累月公既去吏治漸弛盜風遂熾海洋賊魁嘯聚益猖獗數闌入沿海郡縣焚略官兵束手甚有與賊鉤通者番禺新造去省城數武耳寇蹂躪出沒如入無人之境當是時大吏中豈無有設爲憂勞張挂告示稱說嫉惡如仇保民若赤臨風灑淚誓不與海盜俱生

者然而畫餅指梅原非實事更有假神道以愚黔首欲以虛言退寇嗟虖民雖甚愚非嬰兒鳥獸比也既無仁愛之心又復巧爲遮飾民隱誰爲昭察是以益思百公不置矣廣洋地分三路惠潮爲路之東廣肇爲路之中高雷以下爲路之西大海環其外東西南洋海船叢集沓至咸匯於廣貨殖傳所謂番禺亦一都會也自羣寇陸梁海道遂多梗其初起也大率謂是疥癬之疾不以介意亡何而船日益夥黨日益衆摽刧搏噬之勢日益張寇氛遂不可制維時著名者六股曰郭學顯（原注亦名郭婆帶）曰張保（原注亦稱阿保仔）曰梁保（原注亦曰總兵保）曰麥有金（原注亦稱烏石二）曰李尚青曰吳知青其小股不計焉郭學顯張保同事巨盜鄭一者也學顯番禺蜑家子嚮業漁爲鄭一所執並虜其父母兄弟遂脅從

鄭一死即率眾自爲一股領船百餘號船各七八十人或百人旗幟色黑曰黑旗幫張保踵鄭一之餘孽以事鄭一之姪安邦安邦耎懦無能聞礮聲輒掩耳張保實左右之張保每刧畧眾有不前者斬之得財悉瓜分不事蓄積虜人不妄害仍聽命於鄭一之妻石氏或曰保與石氏陽稱主僕實陰爲夫婦也領船二百餘號船各七八十人或百人旗幟色紅曰紅旗幫梁保一股附之旗幟色白爲白旗幫三股分據東中兩路有急相救援互爲首尾西路則吳知青李尚青麥有金三股有金兒有貴原注亦曰烏石大弟芝吉世居海康之烏石鄉曾受安南僞封迨阮氏滅始爲盜海康生黃鶴者以事褫衣巾輒投有金作謀主爲布僞檄脅鄉愚斂財物歲計得銀不下十萬兩而潿洲硇洲孤縣海

外遂爲賊巢穴李尚青吳知青朋比以益其勢繇是東中西三路俱擾中外商氓不安業者彌年矣百公再至則周歷澳門厓門蕉門虎門以規約形勢亟下令曰此方苦盜久矣方今

聖人在上顧使下有覆盆無告之民海疆千里不能安枕席守土之謂何吾爲命吏誓滅此朝食諸君其交勉之有治盜策者詣告余又嚴飭將士戒爾戎律毋泄視如昔用命者有賞不用命戮無赦又曰盜之所賴以抗士卒者火所賴以糜黨羽者食所賴以爲藏身之固者舟夫盜若是其衆不有接濟之者安能取不竭而用不窮邪迺差遣幹員分赴海口譏詷米艇及禁物之出洋者其要隘則戍以重兵賊於是不得食始困又准鄉紳呈首岸匪嚴詰潛蹤其武弁則不敢庇爪牙通線索且穀米騰貴每

斛直銀二兩至三兩出口亦無所漁利洋盜益阻飢五月甲寅朔遂率幫船五百餘號闖入內河歷新會順德丙寅至我鄉九江東南方日嚮莫矣盤旋西海中越旦日卯刻刼畧鶴山傑洲貲裝人畜不可勝數巳刻回刼鄉中沙口屢焚不焰有載西穀大艑從上流揚帆來鄉人守望者嘷止之舟人以爲譌說圖肆搶不信順流下竟爲賊得賊窺窬欲入我桑園大圍鄉人勇氣百倍礮瘀放而鄉眾堵禦者瘀多當事急時駐防文武兩官率領兵役反嚮鄉人求救護窮迫可憐盡失從前據鞍虎視威勢殊可笑也賊既不能入我大圍直下甘竹燔爇墟場搶畧殆盡男婦多被殺虜停泊二日轉新會香山而出沿途殘破尸積塡河署總兵許廷桂力戰射殺梁保滅白旗賊礮傷郭學顯乂賊

黨死傷甚眾許總兵亦以失機陷陣可惜也百公聞報親率提督帶領水師赴救所過邨墟目擊情形泣數行下其所以賙䘏難民者甚厚追逐出洋盜已遠去夫以秉節之尊不貲之身膽涉風濤躬禦矢石是眞嫉惡如仇保民若赤不願與海盜俱生者雖未能嚴設內備遽斷接濟不知困獸猶鬬鋌鹿走險之義未免爲千慮之失然以胝假設搪循虛張告示以愚弄其民者其立心之險易行事之忠詐豈可同年而語哉公懲前事念鄉邨所以賊至輒靡者由平素恪遵功令臨時無守禦之具耳爰便宜行事許民閒練壯丁鑄火礮造軍械俟事定繳官而章程甫下守備未堅賊復於八月時從蕉門入沿河邨莊徧遭荼毒惟東莞風俗勇悍以敗賊聞而黃連鄉爲南順下游門戶軍火

素具又水陸交通龍江龍山勒樓甘竹九江沙頭河清古勞諸處各鄉率勇赴援相持月餘礮聲不絶於耳火光不絶於目勵而獲全其餘雞洲烏洲大洲上直下直熹涌紫泥瀾石等處被難之家奔告制府登聞鼓至爲擊碎公憤氣塡膺大集舟師十面兜禽困賊於赤瀝角之大嶼山偵知其地水勢内淺外深艨艟難入檄令各兵船堵塞海口載蘆草數十艘實以燄硝硫磺縱火焚之將聚而殲焉賊大懼乘昏黑死力冲突潰圍逸去或謂有統兵元戎久在行伍庇賊與賊有連當賊闖入時遣子勸止爲所畱恐玉石俱焚故逸賊以免子未知其審弗敢決也先是郭學顯一股有乞降意因公鋭意剿賊且恐無以取信未果也故當張保困赤瀝角時求援於學顯學顯弗許乘其敗縱擊

之禽三百餘人奪大船十有六赴歸善縣之平海獻捷乞降公謂能殺賊立功即吾卒何以異遂親往受之收其衆六千餘人船百十有三銅鐵大礮五百兵械五千有六百其黨馮用發郭就喜張日高等數十船水手鋒銳千人散處於陽江新安者亦降黑旗幫即日消滅事聞

上奬學顯功授把總餘各酌遣賞敘有差時嘉慶十四年十二月也

赤瀝之圍張保已膽落學顯降梁保殺聲勢益孤危內河守備已固怨毒已深勢必不敢復入其假息須臾徘徊海上者直釜底游魂耳況我公囊底運籌之智胷中數萬之兵將來督飭將弁決勝萬全所謂滅此朝食者信非夸語東中兩路既平西徼一隅鼎與廣肇惠潮諸劇寇堅脆異形衆寡異勢更何能爲吾

見埽除可翹足待耳果爾則寰海鏡清方隅砥平我士民復見青天之頌庶非虛願矣虖抑吾聞公將大舉出師學顯力請從征前鋒當賊此甘興霸尉遲恭志事甚可嘉也學顯勉虖哉能以晚蓋過也如日月之食焉亦不失爲君子也公文作於十五年元旦其年二月張保投誠百公受之夏四月移師高雷麥有金等亦破滅海寇平人服公先見著有植蘭庭遺稿一卷道光三年年六十四遘末疾卒於家據碧樓存稿植蘭庭遺稿世紀續採訪冊參脩

十四世奮之公

公諱成發字鎮元別字奮之善臺公子也生而孤露幼而單約艱難立家滋至小有一游吳會投老家園爰自任冠至於莫齒嗜義必顯覼貨能廉卹嫠哺孤治道與墳黽勉昏喪收胝廢殘

交有始終戚鄙有恩故朋友有所歸中外無閒言蘇人唐景泰大賈也公客閶門時與契轉貨來粵常主公年七十矣嘉慶十二年將反蘇人之負之者且三千金弗能得也以劵付公從容謂曰吾老矣恐不能復來故人贈別君卒辱收之公陽許諾明年唐不至公卒因長洲朱君履四千里外反其金河南范三者先富而貧亦依公濟珠江溺公罄貲求遺骴遣嫁孤女無失時常以歲三月挈友人祭其冢海泊三水韓某貸公貲屢折閱於後亡且八百金慚弗能面也公診知有故召其子出劵焚之嘗謂兒子士琦輩曰凡人力能竭而不以及人非天命富貴意也女曹識之矣歲購讀朝報遇有遽雖夜漏數下必閱視而後寢凡當代民俗瘠腴吏治良窳及四方風蝗水旱時時能言其大

畧嘗曰吾賤無理人責知之何益也聊以慰吾意耳其襟抱如是自奉顧損尅一裘數十年每食儉儉不掩豆食已猶以復進洎老未嘗浪費一錢也道光九年卒年六十八公原階從九品後以子次琦任山西襄陵知縣贈公如其官據潘鐸本墓誌子士琦本行狀梁紹獻畹亭公墓誌世紀續採訪冊參脩

十四世在榧公 族子傳巖公附

公諱祥麐亦曰德貴字懿脩號在榧江勝公子也貌如植鰭髮短而卷鬍鬢垂兩耳夏月祼裎支骼棱露癯然類老瞿曇曰吃遇綫急則面發赤項下筋纍起如筋語益期期不可曉雖唾及人面聽者弗之悉也少篤學事孝廉關西亭先生西亭名斌元授徒至衆公特見器異同門士黃羽颺茂才曾政衡太學徐品

經布衣族子光宇等嚴之亞於其師已又與鄭教授耀東陳太學能兼輩讀書會城三元道院者累年數人者咸善交有本末膠漆終其身然公中歷少容酒酣縱論天下事不合輒觝隙拄頤錙銖不肯相讓或擊桉踞噂坐客皆愕然罷酌其彊直自遂蓋天性也嗜讀書劬以爲枕餐以飴口洎老病未嘗一日廢離屬文堅韌刻瘦肖其爲人思入溟涬濾精漱液恆撼擢胃腎然後出希風蓋在耘渠樸山兩老人年六十猶手寫二家文贉池成帙故所作二家爲近孝廉嘗謂曰生自負亘厚顧方今房行卷牘爭副時好公卿有氣力者又不聞俯眉禮士能度外擘人才者生持此將安歸虖公聞之瞿然然亦終弗變也貞操壁立辟遠不義若穢涔平居不以私干人世亦無干以私者至迺寒

暄都絶惟宗族交游陷有過舉卹然如水火之相救也誠意悃款受者媿心里人有皐負至辟道行不敢睹其面文行著聞數奇不遇院考鄉闈連蹇見詘年七十餘鬢髮鬖白矣猶攜扶幼少捉考具追逐童子場中見者愍之不善治家人產晚益顛頓時有憂生之嗟嗣息横殞餘子劣不肖妻又病瞽宛其入室戚戚無驩加平生故舊零落鮮復存者每哀訃及門素車臨弔未嘗不悽愴傷懷灌然有詩曾太學之亡也賦詩哭之其末二章曰推解尋常事難君更乞隣殘年頻累友寒室借餘春此誼時時憶浮生日日陳老懷泥絮帖感舊一輪囷自挽陶彭澤酬章待友聲誰令稱後死反哭誄先生賸葉無停霣離鴻有斷鳴述哀哀不極天地日孤清族子光宇喪公又賦詩曰達生豈不悟

哀慟難自持頹齡偪桑榆翻與後死悲緬懷事疇昔出入相追隨狂狷雖各殊坦懷兩無欺自謂猛著鞭與子俱奮飛奄忽五十載棄我忽如遺余近抱沈痾困頓久不支二子兩蠢然株守無能爲老去拙謀生十旬恆九飢卒女數過從笑言出茅茨女比遘轗軻終歲苦驅馳常恐先朝露與女相見希豈謂事反覆先見靈牀帷搔首問蒼天夢夢何無知卒有繼起人努力趁明時就暝可帖然委順無嗟悕生芻亦徒爾聊爲勸一卮精靈儻來歸夢寐將求之情辭酸苦時人扼腕誦焉尋遘末疾不能自運其體困牀席者十年孫曰式曾弱冠有文見者期遠到溫良孝謹最能事公竟以侍恙積勞先期殀殁論者謂近世文人之阨未有寃酷如公者然匪是則公嶢嶢之節弗顯君子固窮亦

無曹焉年八十以道光二十五年卒著有沛國世紀續一卷公近支子弟爲儒者名大章字佐朝號傅巖愼齋公長子公從子行也少稟承公恩猶父子爲人天性渾噩坦率任眞入世嶮詖事不干懷抱年五十一卒據黄鳳在椒先生六十壽序採訪冊參脩

十四世次棠公

公諱錫光字昭時又字次棠晚號介如蓊軒公次子也少脩謹眂下言徐終身無迕物上人色爲鄉御所愛重館同縣何職方文綺家數年何公先輩名德見公雅相欽矚其後遇公里族必斂容問訊起居且曰朱先生君子也古人無擇言擇行吾於朱先生見之矣其引重如此中歲後不去鄉塾爲童子講讀師垂三十年號有師法其訓導學童必諄諄與講朱子小學尤得蒙

養遺意云咸豐九年卒年五十九據採訪冊脩

十五世曉崖公族晜弟我坡公附

公諱光字字維昌小字義大號曉崖德隱公子也國子監生幼從學關孝廉斌元族父明經程萬咸賞其疏儁讀書粵秀講院院長魏春松觀察成憲錢損齋編脩栻尤喜之通中無城府然剛腸嫉惡嗜飲好俠不爲彊禦屈肇慶廣寍故有竹肆圩田爲豪猾兼幷公詣縣訟縣宰蒙古柏某纍伉吏也入左右言不之直公與辯坐以咆哮拘苦之數月引出嘑謂女伏未公抗聲曰生異鄉孤賤何緣敢與豪右爭稅嘗何緣更登公門施不遜里諺有言破家縣令滅門知府生縣絲一命且係公手矣有於田特惜官有權民有口傳播四境人將謂公縱虎狼踐良懦公固

權擅殺生未必能與外郡一監生爭公論曲直也宰慳然動色迺謝遣公里居益喜任事大小宗諸祠一手營繕不介嫌怨卒閱歲迺成輕財愛施解衣推食親故貧以緩急晚歲漸窘弗卹也爲文不較工拙受簡後輒蹲短榻上屬稾維誦琅琅聲殷牆壁見者恆目笑之少躭吟詠與詩家香山黃培芳番禺凌揚藻游培芳等許其深摯其渡白鵞潭作曾文學紹葷至爲繪圖著有曉崖詩鈔一卷道光十四年卒年六十四族昆弟璘字璘曜號我坡樂泉公長子番禺邑弟子員受知於學使史公夢琦性方慤亦知醫據香石詩話曉亭文存自得堂詩鈔世紀續採訪冊參脩

謹按香石詩話知曉崖公少游諸名士間名維垣號翼廷後入國學迺更今名改號

曉崖世紀續記載未詳今附列於此

十五世梧軒公

公諱鳳揚原名海字定南號梧軒勉亭公長子也讀書赴考容儀溫偉舉止詳華灑如也迫婦翁陳侍衞書及勉亭公命改就武選通臂善射以冠軍補邑武生中嘉慶十二年丁卯科武舉時鄉中武選盛興無行者或扞網橫行陵暴隣里甚且椎埋縱博爲姦利公繼武厥考稱世科門閥獨能循循謹敕不異儒脩出就鹽筴文義蔚然對者不知爲韎韐士勸游反教技間舍後生多以品藝從之游道光六年卒年五十一據世紀續採訪冊參脩

十五世浚泉公

公原名士森字深遠以字行號浚泉南臺公長子也南臺公字

雲萬入國學以字行娓娓謙嘿平生無疾言遽色質性最湻公擩染家範言無枝葉行無雕繢亦以亭謐謹重見推士友間號稱悃愊爲詩文思理泉涌若借書於腕鍥期可成時命不偶郡邑試屢邀拔識弗獲售錄遺試鄉場亦遭擯給諫德清蔡公賡颺來督學以古學辭賦被知獎許甚盛勵充補佾生然天性介特非禮不履嘗道光己丑府考亟列前茅矣時望以冠軍相屬有稱內幕遺索賕者公拒絕不與竟見絀士論皆不平而公勿悔也嘗賦四十生朝有感詩句曰未老豈能荒筆研求名非爲快恩讎大匏過石知何用小草依山且自由亦可想見其襟度坦夷恬懷寵辱矣年四十九道光二十七年卒著有自得堂詩鈔一卷文無存槀公歿後子逢望百方搜采所獲尚希據廖熊光本墓

誌子逢望本行
畧採訪冊參脩

十五世辰階公

公諱堯勳原曰士謙字瑞占號辰階種玉公長子也形幹短小而精神熠發雙眸炯炯灼人幼稟大父龍泉公家學顓詣制舉業批郤導窾能自運其才年十七就館河清授童子讀寠甚不能畜傔僕躬自汲炊嘉慶末補邑庠青衿廿三載始領道光二十年庚子鄉薦其文猶十年前夏課也不樂北方風土一上公車而罷咸豐二年冬有

旨明年大挑親知慫恿再與計偕三年二月盜襲金陵江淮道梗至蘇常閒遘反抵家霑微疾數月遂不起年六十三公天性夷曠待交游有終始未嘗變節有所厚薄陳新疏數也不爲翕翕熱

亦不爲厓岸嶄絶之行數嘗乏窘外人不能窺有無時或薪粟告盡無所較計輒趣常所過從清譚詠謿盤桓竟日室人交謫謂不省憂但回首曰女憂之寧得錢邪卒不變亦不怍也雖閑居冠屨巾韈楚楚涓潔貴游或無以過與之游者自少迄老未嘗見其言色有若愁歎者能飲酒微醺不亂淺斟緩引不喜麤豪廣坐狎譚風趣横出豈豈一坐傾靡然援舉俗俚洸洋屑散寛而不切未嘗有所觝觸闒傷其深謹超遠如此門人同縣李徵爵嘗爲贊曰遐哉吾師其量休休其性無求其心則棄寘六鑿而天游未嘗不入富貴之場而不能渝其耿介之脩未嘗不歷險巇之途而不能亂其素履之夷猶但使有酒盈鍾有粟盈甌有緡被體有卷充眸或坐而行或吟而謳遂嗒然而喪我付

榮辱於浮漚故不知者見其寄情桮杓也以爲董糟邱見其口不言貧也以爲晉清流見其無所臧否也又以爲皮裏之陽秋是猶指月者彼云大如盤此云小如毬所見各不侔也又烏能測其劣優也論者謂李君贊非直文章雋出也其敘狀公特有眞知焉公所著有周易例一卷孟子評二卷據李夢畦文集族弟士琦本墓誌世紀續採訪冊參脩

十五世經茂公

公諱榮業字經茂衍亭公長子也渾然樸醇喜以忠利及物殆出天性未嘗知書而古訓所戒未嘗或蹈也亦無餘財而心力可到未嘗愬遺也少單貧傭於市必察其出入無欺隱者迺受直不則多金弗願也司事於古勞布肆數十年市儥稱平獲僞

金沈於淵曰毋詿誤後人拾遺物牓於衢曰今庋存某所道光癸巳大水竇賃直錢百緡寄其家循河清大隄下憫露處者顛連隨手散給抵舍腰纏遂空見小兒探雀鷇爲戲亦予之錢嫗嫗禁勑謂物命胡不念也戲者爲止年既篤老兒媳復凋喪肆主勞某欲贍養終其身固不許曰小人食力朱經茂豈以口腹累它人哉力謝而反耕作自給冬月衣不掩骭得藷芋輒以分比隣無窘僃可憐色年八十無疾而終據採訪冊脩

十五世畹亭公

公諱士琦字贊虞號畹亭奮之公長子也幼偶葛母張孺人譙責苛峻迺束脩嚮學游里塾隨族父祥麐講誦有異常童及冠節目疏闊脫畧細謹用英邁知名道光四年以第三人補邑庠

十二年以第三人授廩餼每使者臨試廣州古學必選最擢等先後七試皆一等十九年己亥鄉試與弟次琦同捷公以第三人魁其經座主涇陽張少宰芾江寗潘中丞鐸奇賞其文初以定元越六日迺易嘉應李庶子載熙然及門旅見二公誦其文若宿搆然猶以不能位寘第一人爲歉赴公車兄弟必偕二十七年丁未次琦登進士公雀躍曰弟齒比我富能比我高

君恩祖德圖報當靡涯也進取益奮先後七上公車多留夏課旅食京邸垂十年竟不第最後咸豐三年癸丑大挑當謁選矣行次吳中會盜襲金陵蘇常恇動遂反擢歸歸未幾值紅寇之亂憎憎蒙難鍵戸彌年亂已而公歿矣公爲人充健饒膂力視短而明能於方寸楮作蚊脚小書與人交汎愛不訾雅俗市魁牙儈

咸集其門所至堂室皆滿用財不諱稱貸時時乞假通緩急然持己自介居京師以醫術數爲相國陳公官俊尚書文公慶趙公光所賓接未嘗干以私房師張繼鄒令東莞常館公及來宰邑一見亟還張怪其遽公斂容曰在東莞爲門下生南海則部民也部民止宿公門匪惟自介嫌疑抑恐傷公盛德邑富人某牽命訟揣公能寢解之介梁孝廉植生持數百金爲壽公不應嬲之甚苦匿而免亦不以語人其節概不苟多此類里居殷憂桑梓沈慮有遠識嘉慶末嘗著南順十一堡禦盜方畧十一堡者上控西樵余邨下汔黄連勒樓龍江諸境大指謂我十一堡地扼長江界連數縣爲五方之輻輳居百粤之下游外患内奸易生由蘖方今四方清晏謂宜合爲一團驅使形勢聯宇縣如

一室杜災變於未萌其書於團中保甲操防聲援阨塞鑄造抽分儲徭諸法纖悉具備當時與人言多不省近年紅賊起諸鄉堡以無備爲所蹂輒殘燬蓋三十年而其言皆驗道光九年夏西潦漲猛沿江桑園等圍同時潰決十月羣議壆厚增高礱力脩築公前攘臂曰脩無益也水患洊至在海口不在圩隄近海豪戶昔築石壩以護沙今且築石壩以聚沙昔因河爲田今且築海爲田年年絫積未知所屆故海口不通廣州水患未有艾也迺約陳詹簿昌運胡文學調德等謁廣肇兩府同志奏記大府大指謂西潦之發消長有期其漲也繇數尺至一二丈來以一二日越四五日其漲必止下流不壅五日後必消若下流壅塞前潦未退後潦又來或東北兩江齊漲消不如期必有衝決

圍基之患至圍決而官民交受其困矣東江水力不及北江之長其入海道又捷爲患較少北江水道漸長然無牂柯江以遏之雖爲患亦不甚若牂柯江則水長而力悍其洪濤駭浪自相擊撞日晴風定猶隱隱作雷霆聲爲患較東北江恆劇防牂柯江者歲用民力保固圍基有司促迫加高加厚似矣然自乾隆五十九年迨嘉慶十八年二十二年二十三年脩基者四次加高一二尺逮四五尺有差潦至輒與圍平此急計非本計也疏瀹入海下流石壩未築者禁已築者坼此本計也非民所能爲也牂柯江自肇慶上溯雲南匯諸江水有蓄無洩肇慶峽以下地少岡阜匯水愈多其流益駛以平衍之地受徼外經行七八千里驕悍之水奔逸横恣非尋丈圍基所能禦也地勢然亦水

勢然也查牂柯江自峽下順流至新會北街口猴子山南出外海西出江門猴子山腳十年前水深六丈有奇今冬月水涸水勵丈餘十年以後豈堪設想總緣沙田多築石壩水遭壅過流緩而泥淤故也江流入海支流凡六一曰思賢滘水過三水縣西南會北來諸水至省河直注虎頭門入於海一曰甘竹灘水過順德黄連板沙尾南注於海一曰仰船岡水過福岸馬寧香山之海洲沿河有石壩二三十度長各十餘丈沙田所圍築也其會步口第一埒口中間海瀝有石壩長七八十丈東爲小欖河面將淤矣西曹步倘通舟耳一曰白藤頭海口直注古鎭夾岸石壩十餘度江水將失故道矣一曰河塘潮連潮連居南河塘居北中一河合古鎭仰船岡諸水下有石壩二度截流橫築

長各二十丈水爲石激湍急不得騶洩舟人過此非風力與棄潮弗能上矣一曰猴子山水繇寨尾墟過外海嘴逕注古鎭香山界古鎭沙尾連百頃沙大鼇沙至竹洲頭自外海嘴至竹洲頭約四五十里西界外海傍逕東成沙雷霆廟鴉洲山夾河有大石壩十餘度牂柯江汪洋澎湃之勢至此竟弩末而改觀矣百頃沙左曰廣福沙廣福沙左曰芙蓉沙三沙排列各有大港爲界而沙之左右石壩攢築或百丈或數十丈或築至中流居然與天吳海若爭權三十年後海將成溝壑亦揚塵而廣肇兩郡宅土芒芒人煙浩浩牂柯一水不知徙嚮何處流也繇廣福沙下注神灣東西有承田壩稍下爲燈籠洲東入澳門又東出三竈外無居民已達大洋矣西入內河泥灣門往者內洋大船

緜此入睦洲墟緜睦洲墟入江門今皆阻淺不可行凡此皆牂柯江入海要區亟宜嚴切疏通者也又附進西江達海圖歷繪水勢委屈狀書上大吏咨嗟動色主者奉行不力事竟無成然指陳確鑿不辟勢要時論壯之性孝友事繼母闢孺人得其驩心撫愛諸弟最篤居不異財食不異桉勞苦疾困嫗嫗摩揃如嬰孩不知其年之壯彼也當離別繾綣溢於文辭錄其初計偕與季弟書一篇其辭曰季弟無恙征舠既邁遽逾十晨願言之懷昔人所喟愛而不見如何如何吾弟內娛蘐背外隆德聲雖曾與齧指而動操召南樵山而振稱絜其勤勞無以喻之也鄉束裝後待友佛山鎮兩日迺得成行舟師謳櫂汎若鳧鷖游子寄音眇望魚雁是夜宵半衝風驟激頹波瀰厲元雲靄空夙夕

不解雨雪告零先集爲霰曙發盧包之汎莫循黃巢之磯巖霜霣而葭菼淒元冥深而若英晏髓頸之灘迷茫虖津逮龜手之藥歎惻虖水工行路之難諗我端倪矣家累凡百弟克當之回睨舊鄉心魂慰藉惟吾弟續昏一事軫結未忘上有黃髮罷勞晨夜下有雛稚噢咻嚬笑茲事之亟豈煩覼縷顧鄉土是諮亦云省便而此邦之人内教陁壞習錮既久庸計門戶宛宛處子或有季蘭之好悠悠靡俗恐入齊咻之教天下多美何必是求權輿弗戒後懊焉集行子過計是用縷縷風水蹇逆行鄹遂淹以今二十七日到清遠縣弟兄健好餐飯猶昔兼多徒侶解誨憂虞誥誡家人勿我爲念從茲度嶺浮洲西下楚歌千些湘波萬重背湖涉江釋舟趣陸更復馬首斷雲千里隨夢雁足飛雪

崇朝灑襟七聖皆迷之野惘惘而驅車耦耕不輟之鄉栖栖而問道山川合沓息影何時靜言思之百憂集矣夫人情迹接則多忘景逝則恆憶歲華不居游讌未極往時家衖羣從如龍齋居盤盤言笑晏晏東方未明已對牀相語西柄之揭猶露坐未眠論難紛起聲與百舌競蠻觴詠橫飛酒微一斗亦醉魏文有言當此之時忽不自知其樂也繇今以思曠若星漢儗諸形容倘繪心目每當落帆江滸擁衾無寐清角朝厲游鴻夜吟我懷云勞不可說也自惟寡薄豈辦任官此行邀福或叨一第思遂南歸寄迹丙舍將吾叔仲長奉板輿對鵲占門徙魚築宅陸機之屋不間虖東西何點之山畧分虖大小時及霜露言羅雞豚祀先之餘兼以速客雖甑生塵而日晏風吹葦而歲寒而風詩

教睦取鹿食之相啅金石歌商結鷁衣而不恥明明如月長照其素風溫溫恭人承垂爲家法閉門養親至於沒齒雖三公上袞百城南面何以易此哉其許我虖非敢望也有問訊者達此躛言音塵未積風雲逾闊家食餘閑牽勖光采勞人草草筆不抒心及寢疾時事無弗語終不及室家疾革賦絶筆詩曰生無善狀死何悲化去翻令衆垢離獨有深情志未得離魂常繞鶺鴒枝其至性不亂如是健於爲文尤研究聲詩同縣羅侍郎文俊謂其從漁洋歸愚兩家議論入不從兩家議論出故其自得之妙不離漢魏六季三唐風槼而自瀹性靈番禺張太守維屏謂其晚作獨窺陶杜眞詮古律皆如果熟霜紅氣味老辣順德廖孝廉亮祖謂其取法在唐賢以上宋以下即非所屑軼視一

時作者遂於醫顧不自意曰不能無失也視疾以扶翊元氣爲主而謂河間丹溪喜用陰冷之劑瘠乏眞氣爲非宜平生治驗頗多卒不立醫案咸豐六年卒年六十二所著禦盜方畧上下篇外有西江達海圖一卷畹亭文存一卷其詩則谷泉吟草二卷北行集一卷南還集一卷鴻爪集一卷西行集一卷畱都集一卷息鞅集一卷都爲怡怡堂集初公鬱鬱懷用世志束髮試有司皓首隨計吏蓋終身皆在名場中其僑京師也羅侍郎欲爲入貲得儒官公不願也卒亦邅迴不及仕歿旣數載以弟次琦前任山西襄陵知縣陳情於

朝

詔貤贈如其官據面城樓文鈔廖亮祖怡怡堂集序梁紹獻本墓誌陳志澄本行狀弟次琦公絕筆詩跋世紀續參脩

謹按曉亭公上粵中大府論西江水患書中有潪字从水从𦉪讀告音不見古人諸字書廣人以爲水相通處曰潪蓋方言也見廣東新語

十六世普存公

公諱庭森字廷琛一字普存曉崖公長子也其榜名曰澄湘泊注選更今名道光四年補郡學第一十一年辛卯鄉試中副榜充副貢生二十一年就職直隸州州判旋改就教職咸豐五年纍捐輸奏上奉

旨以復設教諭分發選用需次於家公蚤自鏃厲力學有聞處骨肉間屈已忍尤能容門内横逆平生見義勇爲其尤著者業師潘

孝廉澍漳即世公勸分於諸同門士得五百餘金經紀其家爲黨正禁夤夜瀆祀毆巫覡之惑民者鄉論韙之其就鹺務於粵西也歷興業賀縣兩牢盤流寇擾賀脅以刃公譚笑卻之不爲害又值土客交鬭戈馬洶洶同事者逸矣有張民則者公挈與俱履險阻備嘗卒能全濟其身而商戶所託汔無損未幾待選回籍咸豐八年感疾卒年六十一於是士友陳明經觀濤等相與推論謂惜公奄逝不階尺寸柄故區區自見勵如此曩令得藉手郡縣吏爲

天子守畺土則食焉不辟其難古所稱士窮見節而瞻然不易所守者非它人必公也烏虖末流守信不負者希矣故世以此重公

據陳觀濤本墓誌世紀續採訪冊參脩

始祖獻謀公配關安人

始祖妣關安人者獻謀府君配室也父曰關公母曰麥氏世爲九江上沙里富人無子誕女一即安人也在寵不驕淑譽騰里鄰父選儷歸獻謀府君裝送資賄甚盛安人脩婦節有桓少君孟德曜弛妝提甕之風元明革命偕隱邱園公親在野之勞安人相其乏公峻處士之節安人成其高儀家穀子厥後始大惟安人實毓慶基焉據世紀康熙丙申譜參脩

二世正夫公配李安人

正夫公配李安人者邑大同鄉人也系出大同古巷性柔惠有承順之德兄某蚤世遺息勵存族豪瞰其貲朋謀攫噬日逞不利於其孤勢將踣殆安人泣言於公曰李氏兩世血食在此兒

矣與公殫力禦侮以次折姦於法產殖無隕弱息允延安人力也一時謂女造門楣據崔吉本墓表世紀康熙丙申譜參脩

四世前塘公配黃安人

前塘公配黃安人者同鄉東海人也黃公金富次女贈君安定女弟太常少卿僉都御史重之姑也蚤聞孝謹洎歸德容端肅閨範卓然產子廷實甫三月而前塘公歿誓志守義無故不出中堂血戚周親希見其面奉先訓子遠近稱女君子焉嘉靖二年郡邑紳儒耆老具言安人德侔共美動遵禮法堅歷淸苦四十餘年遠近敬仰號曰女宗籲呈邑令李公源令謂女子之行於親也孝婦也節母也義而慈止矣志行可嘉實關風化牒請司道撫按逕疏奏聞三年禮部尙書席公書題奉咨行覆勘覈

實布政使林公富分巡按察僉事李公中兩陳奏覆四年有詔旌表節婦勅有司建坊旌門仍蠲免丁役以供侍養於時風聲播聞國俗悚動一變云壽九十嘉靖十六年卒崇祀節孝祠據欽定古今圖書集成閨媛典列傳廣州貞烈傳廣東戴通志阮通志廣州府志南海縣志九江鄉志南海節孝錄羅憲本墓表世紀康熙丙申譜參脩

謹按戴都堂璟輯廣東通志在嘉靖十四年乙未已載朱仕志妻黃氏嘉靖四年旌而阮通志張府志郭縣志列傳俱譌作宋仕志妻府志坊表門會城貞烈坊已列朱仕志妻黃氏尤爲自相牴牾按府志前明省垣有惠愛忠賢孝友貞烈四坊惠愛坊列秦任囂以下六十七人忠賢坊列周高固以下五十

人孝友坊列漢董正以下五十四人貞烈
坊列南朝陳南妻戴氏以下五十四人朱
仕志妻黃氏第三十五安人爲黃安定妹九江鄉志
列傳謫爲安定女生於正統十三年戊辰
卒於嘉靖十六年丁酉壽九十而康熙丙
申譜後傳謂終於十八年己亥壽八十二
正統戊辰下至嘉靖己亥實九十二年非
八十二也世紀相沿而誤鈞屬疏舛今悉
據本墓表原石刻更正
又按本墓表前塘公卒於成化十八年壬
寅年三十二康熙丙申譜迺作八年壬辰
年二十二亦誤附正於此

五世林坡公配鄧安人

林坡公配鄧安人者新會粤塘鄉人也今隸鶴山縣莊慧知大體嚮皃女尤遠姑息林坡公捐館次子文直繼歿安人則謂其婦郭氏曰而夫蚤世而子不教家胡賴焉郭唯唯自是姑婦日督皃嚮學即夔州知府讓也讓時甫四齡朝莫往書齋必起居大母所大母輒問記誦幾何有無惰棄時啖以果餌誘使耽讀語諄諄不可置讀或少輟大母且詈且泣叩首悔伏迺已讓弱不好弄學殖蚤成安人之教也訓女亦有壼則其季適同鄉關沛裁兩月而夫死竟以苦節聞自有傳安人嘉靖二十七年卒年八十二據楊瑞雲本墓誌脩

謹按康熙丙申譜後傳謂安人生於成化

八年壬辰終於嘉靖二十五年丙午壽七

十五誤今據本墓誌世紀更正

六世白川公配郭安人

白川公配郭安人者邑大同鄉人也郭故大同名家安人尤秀出其族歸白川公公曠達不事生產家政皆安人經畫恆鈞產入以字夫兄諸子愛之如己出有籍弟子員者脫簪珥脩學宮先生贄夫兄子譔選貢南廱又斥簪珥資其行御臧獲最矜恤朝夕寒暑必時其衣食曰彼亦人子耳其恩誼周篤亦天性也白川公歿安人在中歲姑耄矣諸孤稚弱未教安人旦夕掖侍姑退迺舉公平生言循循命子躬織紝分鐙而課其業嘉靖三十七年戊午子讓舉於鄉歸拜堂下安人泣謂之曰父有遠志

今少尉矣尙未也女其勉之又七年而安人卒年六十七屬纊時第勅讓以勤脩職業仕勿負官語不及家事其邁識如此萬歷十一年皇子生加兩宮徽號子讓時官南京戶部河南司主事徼恩贈安人據九江鄉志王宏誨本墓誌金節本行狀世紀參脩

六世順川公配周安人

順川公配周安人者邑大同鄉人也世宅水北里父綱字一鑑安人歸孝養尊章相夫詔子皆能以畏愼安貞舉其職二子封咸寧知縣庠生學濂庠生學懋鈞著文譽使者校士迭爲冠軍時稱雙鳳顧數奇屢躓鄉闈安人惟勉使績學每失解輒諭之曰遇合命也淹速時也女父祖世載其德天命弗僭後必有達者其敬脩以竢之萬歷十三年乙酉孫凌霄領鄉薦喜謂二子

曰此而發祖食德之報也女曹第勉為善世有榮問矣厥後孫曾蔚起科第宦歷一時顯赫竟如其言安人與順川公俱躋大耋相敬如一日以萬歷二十年卒年八十九初順川公從姊適順德古朗都陳其詡生子甫齓隨母歸寧節陳大理克侯也嘉靖癸卯夏相與避水患於牛山祖祠克侯莫出不還母恐憂形於色安人曰第寬之此子非凡兒保無它也克侯既長仕學咸有所立為時聞人故人謂安人識鑒非直其自知明也據陳克侯本墓誌脩

六世捷泉公配岑安人

捷泉公配岑安人者同鄉岑連奎女也優有壼德尤廣記博聞時陳述古昔成敗禍福之轍為兒孫永鑒兒孫世世服膺其訓

羣興起於文行號爲多才萬歷二十五年卒年八十六安人之葬大學士趙公志皋銘其墓歎爲內相不誣云（據趙志皋本墓誌脩）

七世石潭公配馮安人

石潭公配馮安人者新會粵塘鄉人也（今隸鶴山縣）父曰湝夫安人端靜儉勤出於其性石潭公爲儒舅弟多生計時不給安人躬蠶績絲枲以佐薪粟公得肆力下帷無何選貢擢科除湖州府通判兼權烏程知縣湖州推官安人從宦數年吳興爲天下望緊劇地富盛甲東南公同時三印繫肘公事旁午家政出納一委安人而安人衣食儉陋不改惟時時以清白相勖勉及公爲忌者所中意不懌安人斂衽前曰仕宦固有止歸耳好官作得盡邪公默然良久曰卿言是也即日投劾歸安人至老手不停

作足不踰閫懿範爲遠近所稱後石潭公二十年迺卒年八十三據于樵本墓誌採訪册參脩

七世絅庵公配關淑人

絅庵公配關淑人者同鄉腦邊人也族姓稱石地堂關氏淑人事君姑恪甚得其驩心初娠二女即勸公寘簉遂連產丈夫子淑人尋自有子顧終弗二視諸子讀書官舍淑人督之嚴朔望趣五鼓起行禮客至必嘑令出揖每聽諸子彈琴不調則曰趮心所致也心不能理琴其能讀書虖聞公堂鞭扑聲輒愀然不樂生平不信巫覡釋道惟女紅酒食是議嚴於祭祀雖老必躬必親頒餕餘雖臧獲必徧自奉儉約諸子問所嗜曰徼天之幸甕飧不乏足矣絅庵公出粟振饑淑人亦斥所藏分里中貧嫗

自公捐館淑人持家十九年壻陳熙昌成進士外孫陳子壯及第孫實蓮鄉薦魁其經淑人猶健飯時羅拜堂前天啟二年卒年八十六先累封安人以孫實蓮䘏典推恩諭祭贈淑人據九江鄉志世紀參脩

謹按絅庵公於臨川知縣任內以歲閱授階文林郎妻關氏封孺人於戶部主事任內以慶典晉階承德郎妻關氏晉封安人至萬歷十五年在夔州知府任以天下知府治行第一用特典賜璽書晉階並未及其妻室也璽書文內開載甚明世紀謂累封恭人殊爲未覈

七世龜臺公元配關安人繼配黃安人

龜臺公元配關安人者同鄉關樂泉次女繼配黃安人則邑之沙頭鄉人也父曰文郁高才生兩娶皆有令儀公儒者造次必於禮法關安人曲副其意克戒容止婦順無訧篝鐙侍讀恒漏盡無勌色公時名冠庠序賓友以文會者往來接踵安人罄所藏備極供奉有雞佩贈遺之風於其殂也年厪四十中外僉盡傷焉黃安人孝敬而慈鞠前子甚於己出於幼者慭其失恃尤煦煦憐之所生子必教以禮讓相先慊慊如也及督之嚮學則鈞不恕加嚴未嘗以嫌止以愛溺也時諺言曰有子而弗類不如其無故公歿而諸子皆競爽矣安人年八十一卒據朱可貞本墓誌脩

八世湛源公配關安人

湛源公配闕安人者同鄉闕峻山女戶部主事家炳從姑也家炳稱其淑善溫仁公家先難後裕安人主內政其貧不以菲廢禮其裕不以富損名戶部員外郎光允公族子行而家炳之師也嘗謂家炳曰婦德四夫人有焉其見重於子姓之賢者如此據闕家炳本墓誌脩

八世莘犂公配李孺人

莘犂公配李孺人者順德鹿門鄉人太學生思集女兵部何公烈外孫也幼讀經書通知大義最耽風雅能吟詠而德範凝然不以才掩既歸孝事親闈君舅中憲公亟稱賢婦比執喪泣血三年哀悃備至諸子童孺辟咡受書論語諸經多繇口授婦工餘暇喜閱古傳記時時徵引以寓箴規莘犂公天性任達孺人

持家輔以嚴肅整齊內外法行知恩諸子有文字交必加禮敬徵逐燕辟不敢躡其門長子伯蓮計偕誡之曰古人云水流萬物金玉留止京師人海品流最雜女曹入虖其中當時思在我之節惟聖人爲能與世推移耳晚益澹泊食多齊素珈翟之榮佐餕之奉夷然不寘懷也以伯蓮封太孺人卒年八十三據九江鄉志採訪冊參脩

八世箕作公配易淑人

箕作公配易淑人者新會橋頭鄉人今隸鶴山縣永昌知府道源女也毓秀名門才慧爲一時冠工詩歌善楷法尤喜讀書至老手不釋卷耽玩忘疲婦德醇備孝于尊章惠于築里終身未嘗以辭色加人性樂施予戚里昏喪諸賴完舉偶直乏匱輒典質衣

釵繼之尋常斗升釜庾之需取之如寄也勖諸子交賢進善有
陶母風崇禎十三年子實蓮令德淸隨筽作公就養官舍公不
樂華膴將歸矣會浙西大水實蓮以振荒不𨆡漕逮赴詔獄緹
騎及門跪哭訣曰兒奉職無狀遺大人憂今旦夕就死不能復
奉二尊矣淑人流涕謂曰不圖垂莫之年復見滂母之事雖然
人誰無死兒矢守官死死猶生也且忠孝寧得兩全虜左右皆
涕泣不能仰視旣歸甥禮部侍郎陳子壯時以直言削籍奉母
居白雲山走書來唁曰鄉關郵報希漏竟不審德淸解任何似
嗣得舅父母歸秏畧知功令所指然聞徵額旋亦報足雙烏雖
蹔縶虜上有聖明之鑒裁下有司計之平準當無深慮且塞翁
之馬安知失不爲得也舅父雙尊辭子舍而閒關舟檝將毋稍

勞牽已入里閈起居適妥襄況漸寬京邸好音昕夕且至愚甥棲遲一邱不能奉侍家慈問渡趣候惟有三祝加餐耳承示政錄備悉甘棠遺思敬謝拜發不盡依馳子壯公姊子生長外家夙爲淑人撫愛故致懇如此實蓮至詔獄冒死極奏地方荒苦狀帝大感悟遂起謫籍復其官旋擢刑部主事戶部郎中蓋帝知其忠實有意嚮用而淑人竟以其時考終里第矣實崇禎十五年九月也年六十六先封孺人後以實蓮卹典推恩諭賜祭葬贈淑人著有名閨吟蘭圃草行於代甥子壯嘗贈詩曰顛頓當年似舅人稱詩猶憶渭陽新不知方法操彤管畱與班家子細論姻家子黎州守春曦著論以謂方諸班大家似其文而行或過之也據三朝野紀陳文忠公手簡九江鄉志五世孫天瓊本墓誌參脩

八世正齋公配張安人

正齋公配張安人者同鄉張惟治女也公無禄蚤世遺男一女一安人年二十四嚙指剉髮誓死衛孤縞衣藿食五十年不變鄉邑以全節稱子龍齡至孝女適龍山馮氏生子顯忠天啟丁卯舉鄉薦安人猶及見之年七十餘迺卒獲旌崇祀節孝祠據南海節孝錄九江鄉志世紀參脩

謹按南海節孝錄鄉志本傳鈞作朱叔政妻蓋稱正齋公字

八世湛一公配曾孺人

湛一公配曾孺人者同鄉趙涌人也州守曾公儲女孫父庠士宏彝母林氏幼聰叡善鼓琴通列女傳女誡女論語讀之輒生

遠慕年十九歸公婉順克孝不嚳其儀公考業之暇輒就孺人
討論書史莊後有溪流竹林爲公習靜讀書處孺人亦時相就
鼓琴自娛洎公入仕什九宦游孺人戀奉晨昏多不隨行挪室
訓子皆成其志中外諸姻禮遇周渥公之守寧州也孺人選一
姬侍公將就道矣公以書力卻垂老不寘媵妾論者兩賢之公
耄年多病孺人躬侍湯藥歷寒暑不勸平居無妄言怠容尋常
履綦不至庭戸事神竭誠盡愼不諂不瀆嘗曰人能隨事盡道
子孫儆之必昌幽有鬼神猶明有聖賢皆呵護善類若爲不善
而佞佛持戒得罪反深見理明確聞者動容萬歷癸卯覃恩封
孺人孺人與公白首相莊並躋大耋公終於崇禎十二年又八
年孺人迺卒壽八十九闗中李冢宰遇知嘗謂孺人德業黽勉

以終事大家雖內範之鍾郝傳經之宣文抑何以過其懿行聳動一時朝士如是據九江鄉志李邁知奉議大夫南海朱公壽記田仰本墓誌夫兄子光祖闈秀瑞興墓誌

參脩

八世衷一公配關安人

衷一公配關安人者同鄉石涌甲人也父曰關奇甫來歸居高門樓所謂高門樓朱烈婦者也初衷一公篤志下幃以攻苦遘疾疾且革目汪汪注安人而無語安人泣告曰君脫不幸奄忽若猶有襁褓物妾當忍萬死守全之今若此惟有相從地下耳頷之而瞑安人號不欲生既殯請於公姑爲夫立嗣又丁寧叔嬸善視二人家人知其意皇恐譬慰倘張一室安人哭曰毋久留我死令亡者久待轉斂靈牀放聲大慟腸斷遽卒以殉夫烈

婦旌崇祀節孝祠據南海節孝錄九江鄉志康熙丙申譜參脩

謹按南海節孝錄及鄉志本傳衷一俱作冲一蓋以音近而譌

九世庇亭公配盧安人庇亭公側室周安人李安人幼女嫌姑媵婢張繡雲附

庇亭公配盧安人者佚其里貫天姿貞勁尤負器鑒鼎革後公以故諸生屢爲鄉約長安人從容尼之曰時有廢興君舊門子謂宜沈潛明夷用晦之義服膺柱史守雌之誡順時遵養庶保貞吉公竟爲里豪關公性所害順治十六年六月三日夜購海盜關阿蘇糾黨焚畧其家安人被執抗罵死賊無義受指嗾擄財殺人神理不誣將求治女地下遂受刃而死妾周氏李氏幼女嫌姑媵婢張繡雲以安人死咸恨不欲生奮與賊搏竟皆見

害女十姑年十七細姑年十六並姝麗有殊色賊擄以行中道
不屈死尤烈自有傳一門七烈聞者敬焉安人及周李兩安人
鈞以殉難烈婦
旌崇祀節孝祠諸女同時獲
旌
寻祀惟張繡雲以娉媵未邀表卹云據欽定古今圖書集成閨媛典列傳廣東郡通志阮通志南海縣志南海節孝錄世紀參脩
謹按欽定古今圖書集成廣東郡
通志阮通志南海縣志諸書列傳南海節
孝錄題名俱臚載朱協蓮妻盧氏妾周氏
李氏而康熙丙申舊譜協蓮名下秪注配

盧氏庶李氏而周氏竟闕殊爲疏漏
又按世紀庇亭公傳謂賊關阿蘇殺妻女
九人而　欽定古今圖書集成閨媛
典本傳秖臚舉七人名氏又標題爲朱氏
七烈豈妻女實止七人其二人爲練丁莊
客之流故畧而不數歟
又按嘉慶二十三年　欽定大清會
典凡僕婦婢女尼女冠拒姦致死者建
坊於本婦女墓前不於祠內設位然則當
今　功令張繡雲亦准題　旌特不
予祀耳

九世微龕公配區淑人

微龕公配區淑人者高明阮涌鄉人也郡丞區公益女孫通守大樞中允大相猶子而戶部侍郎大倫之女也從兄弟懷順懷素懷瑞懷年同產弟懷炅宦業並有時名一門父子羣季先後以文章道德流聲海內號阮涌區氏淑人名閨蘊秀見重諸昆如左思謝元故事微龕公蚤負奇童譽未冠以第三人魁其經淑人翟茀來歸時人以爲美譚戚里榮觀蔚稱克配公既殉國難二子稚幼避騎偵之急淑人涕泣託孤於其妹及妹壻陳隱君禁解獲全語具微龕公傳淑人亦崎嶇山海阽危萬狀而知足周防始終不辱一時高其志行謂匪特於兩宗無忝也以較宋文天祥妻歐陽氏彼有慙德矣初以公令德清拜恩封孺人

公獲卹贈晉封宜人再晉淑人據楚庭稗珠錄九江鄉志採訪冊參脩

九世子亭公配歐陽安人

子亭公配歐陽安人者順德白藤鄉人也公立年遽殞遺息國柱生甫周晬孤露無依安人揃爪趣事備嘗酸苦捋荼集蓼洊歲彌年家以漸溫兒亦有立兄公給事中伯蓮最矜重之據從兄伯蓮子亭公墓誌脩

九世長齡公配溫安人

長齡公配溫安人者順德龍山鄉人也父曰崧岳居小陳涌安人雖長編戶知書學禮曠識絕人滄桑後公欲棄諸生服安人亟贊之曰周之士貴秦之士賤時事可知妾與君且休矣公意遂決晚歲長齋繡佛祝曰不求金玉富但願子孫賢又謂潛龍

以不見爲德時勸公孫言深隱辟害云卒年七十二據世紀脩

十一世近松公配鄭安人

近松公配鄭安人者同鄉人也近松公儒學有聞齎志以殁安人產二子年二十一而孀舅姑衰矣夫兄廷彩麗兵籍征戍不還小叔廷選幼弱門戶孑微甚父母將奪其志矢死不從脩職加虔食貧靡悔蓋年九十五猶事蠶繅也鄉人欽其苦節獲

旌崇祀節孝祠據南海節孝錄九江鄉志參脩

謹按康熙丙申譜近松公二子宏泰宏斌而鄉志鄭安人本傳謂生一子傳聞誤也南海節孝錄及鄉志本傳俱作朱亮臣妻蓋稱公字

十四世奮之公元配張孺人繼配關孺人

奮之公配先後兩孺人元配張氏繼配關氏皆同鄉人也張孺人系出奇山岡南里父國滄隱於醫嘗游瓊崖間傳異人祕尤精風角壬遁禨占孺人小字戊蘭生而奇慧授之書諷誦畧皆上口凡婦工組紃術家占相學之輒能張公憐之過於諸男數歎曰阿誰當掇門楣獲吾女矣洎歸於公黽勉同心家始蕃殖然性喜全濟務持大體嘗謂公曰財以濟用苟當也奚惜摩公家厲中貲而義聲先路孺人相之也容止端詳遇非常不亂盜魁黄毛閏者族子行也横行刦擄垂十年瞰公省墓歸大言於公從兄林長曰若弟富當犒吾白金千咄嗟未能先輸五百不然白刃無親情也兄以告孺人不爲動公入孺人出之並遣兒

俱出比莫盜黨掖兄至㝵門索公孺人從容扶嫗持燭出陽詰曰㝵叔者誰何遽也叔偶出盍入而待之闖闔爲盜魁餘人竢於門外㝵婢子瀹茗盜昂然入拱手踞上坐已解佩刀寘桉錚然作聲孺人復詰㝵叔何居盜曰捕急假數百金亡命耳門外盜亦羣譟曰亡命耳閧聲若雷屋瓦皆震孺人正容曰女稱叔屬雖遠猶骨肉也果有急當告我今迺親而自疏洶洶然聚不逞之夫戴不祥之器欲將何爲爲人子弟當誖亂如是邪叔固不恆歸卽歸豈旦旦豫爲女謀者於是盜遽麾止其衆且怒曰徐之何驚人若是孺人迺入探釵珥數事約直十餘金又解腕中條脫益之陳几上謂之曰女將去不足可復來何待叔也盜大慙唯唯不敢受逡巡持械出當是時盜黨二三十人露刃如

林勢將用武公兄倚戸震怖環索索作響媼候火薪爇其手不知也而孺人色夷氣溫吐辭泉涌陽陽如平常盜出語人曰吾日殺人不轉眴出沒海洋波濤烽火未嘗動心今膽落於某家婦矣孺人聰彊善記昏喪賓祭諸器數經目不忘慮事有識直疑難迭復沈思如寘器平地必轃帖妥一時族黨紳儒若處士祥麐太學光宇武舉鳳揚等時登堂推商孝廉堯勳尤嚴重之進止諮而後行事之如母訓子至嚴未嘗假辭色長男士琦幼跳盪譙責苛峻卒矯厲有成處士恆語人孺人於古禮法如敬姜聰識若憲英爲中外稱首矣道光元年卒年五十四初孺人有嬴疾緜歷歲時於其卒也偶恙卽自知不起謂諸子曰吾疇昔之夜夢易竈陘而新之夫中饋女子之職而竈陘者老婦之

祭也毁故而更新吾必無奉矣果然關孺人父曰茂𣆪代居大

申翹南社溫厚慈𣆪觜前子如腹出子汝琦嘗遘疾十旬孺人

愍念親眂藥湯眠食俱廢積勤體爲之敝性量冲粹多喜少愠

無貴賤一飲以和婢嫗臧獲有喋喋室中恩怨者掩耳不聽曰

吾耳不聞心不怒也其寬中如此及見諸子獲雋同年决科道

光二十四年卒年七十同治元年以汝琦前官山西襄陵知縣

恩旨贈兩母皆爲孺人據潘鐸本墓誌子士琦先妣張孺人行狀梁紹獻畹亭公墓誌參脩

十五世憑泰公配張安人

憑泰公配張安人者同鄉桃源里人也父張冠時安人年二十

四而公橫殀誓節嫠居嫠居二十有八年慘怛如一日未嘗有

嘉容舅在柩公老儒性峻姑晚病瞽安人事之惟謹咸得其驩

其娣長子生在極公命畀以後安人名曰阿嗣蓋慰其志也家窶不嗇婢媵娣婦曾子女十餘人皆安人鞠眂曾亦柔順相謹至老無迕言道光十六年卒年五十一又十年有

旨旌表節孝崇祀節孝祠據南海節孝錄採訪冊參修

湛一公女瑞興 九世

閨秀瑞興者湛一公季女也母孺人曾氏萬歷二十三年公初任新興教諭又二年誕女學署中爰以命名焉孺人通書史善鼓琴故瑞興幼有母風公旋繇湖廣咸寧令擢守雲南寧州孺人以滇粵萬里不敢遠親庭亟攜瑞興歸養亡何公宅憂罷職讀禮山中瑞興甫十歲侍膝下以孝聞且能曲體父母之心以上貢於王父故王父以下胥鍾愛之諸兄嫂憐之尤至人謂瑞

興孝慧殆天植也稍長媞媞婉嫕淌心玉瑛有林下風儀選字吳孝廉長息未行感疾遽殂綿惙時猶宛轉顧孺人曰兒病革矣死命也毋傷母心瑞興之死生十五年矣兩兄戶部光允文學光衡不忍其遠厝也瘞之於里第西南蝸山去家數百武塋廬相望而從兄通守光祖爲之銘其辭曰田產珠璣昌郡之陽孝謹維思女德攸彰苕華徒矧瑩光忽藏燕悲鶴泣鬱虖蝸岡歸寂輪迴女其益臧據田仰湛一公墓誌從兄光祖本墓誌參脩

庇亭公女十姑細姑十世

閨秀十姑細姑者皆庇亭公女也並生有淑姿容華冠代祖母李母盧咸讀書知大義二女擩染家範故笄年豔發而節操凜然順治十六年六月三日夜海盜闖阿蘇焚畧其家盧安人死

家衆死義者山積語具公與安人傳十姑年十七細姑年十六賊闞其美竟爲所擄挾之渡西海卽西江也十姑迺大罵賊子橫害無辜若有鬼神將不舍女我二千石之孫忠孝之門詩書之裔肯愛死辱賊手求活邪遂仰天大哭及中流奮身入水賊拽止之痛齗賊手血淋漓賊怒鋒刃交下應時見殺細姑同被拽不得死罵尤憤烈賊彊顏譬慰細姑哭曰賊狗奴天下寧有害人之親復施無禮於其兒息者於女安虖死有蚤莫奴寧得艮死何不促殺我舉頭觸賊刃復嚼舌氣欲絶賊知不屈亦遂見害數日家人尋獲其尸鈎衣裾不亂面如生遠近聞者盡傷焉以殉難烈女

旌崇祀節孝祠據欽定古今圖書集成閨媛典列傳廣東郝通志阮通志南海縣志南海節孝錄世紀參脩

謹按欽定古今圖書集成廣東郡
通志等書謂賊擄兩烈女挾之渡海蓋沿
當時文案卷宗原文而未加核定者其所
謂渡海卽渡西江也九江鄉西南東三面
皆距西江過江卽鶴山縣藥逕司地雍正
九年以前未立鶴山縣則新會縣境也土
人方言至今噂爲西海不曰西江廣東新
語謂廣人凡水皆曰海渡江曰過海溯江
曰上海是也蓋嶺外近海故凡水皆以海
名猶之北條之水河爲大故河北之水皆
曰某河南條之水江爲大故江南之水皆

曰某江也考國語齊語桓公曰吾欲南伐何主管仲對曰以魯爲主反其侵地堂潛使海於有蔽渠弭於有渚環山於有牢桓公曰吾欲西伐何主管仲對曰以衛爲主反其侵地臺原姑與漆里使海於有蔽渠弭於有渚環山於有牢按魯衛二國境不至海而管子云然者齊人近海故凡大水皆沿襲稱海云爾然則濱海之人水皆稱海有自來矣

外傳附

正夫公適馮氏女 三世

正夫公適馮氏女者同縣大晚鄉馮處士妻也景泰三年分南海西南境立順德縣處士遂爲順德人公生平秪一女憐甚女有至性歲時思父母未嘗不涕洟雖異地時使歸寧焉感疾不果還遽卒兩家傷其志留葬母氏爲立窀穸於牛山陽古花街東畔鄉人命曰大滿姑婆冢音轉故謂晚曰滿地因以名過者至今瞻敬焉女裔緒轉盛有登甲科者據崔吉正夫公墓表採訪册參脩

林坡公適關氏女六世

林坡公適關氏女者同鄉關沛妻也歸厲兩月而沛卒忍死待遺腹及誕男也屬有謀不利於其孤者家室漂搖瀕死者屢矣貞厲不渝卒全宗祀同時里人梁妃慶妻周氏殉夫燔烈焰中兩節久未表揚鄉論稱屈女兄孫廩生疇太守讓適子也以學

行爲官司所器迺白狀於邑令陳公儀陳公慨然親式門閭扁周之居曰貞烈而扁女之居曰純節時萬歷四十二年也據欽定古今圖書集成閨媛典列傳　大清一統志廣東通志廣州府志南海縣志九江鄉志南海節孝錄世紀楊瑞雲林坡公墓誌參脩

謹按林坡公名廷昭字國明鄉志貞烈貞節傳稱關沛妻朱氏父國明卽舉公字也迺復有朱廷昭適關氏女傳傳云朱氏父廷昭適犢岡關生一子夫亡伯每侵占其產寘之不校子娶未幾歿歿撫一孫終老壽八十按楊瑞雲林坡公墓誌公三女長適黃鸞次適庠生岑鼎鼎見鄉志上壽傳妻朱氏附見傳中

次適關沛兩月而夫歿遺腹孕孤竟守苦節云云然則鄉志朱廷昭殆別一人歟考康熙丙申譜吾家明代至　國初復未見有字廷昭者

絅齋公適曾氏女　六世　適陳氏女適關氏女附

絅齋公適曾氏女者同鄉曾應珪妻也應珪嘉靖癸卯舉人父俊知廣西融縣子仕鑑官戶部曹司世居趙涌珠山隅俊以宦應珪以隱仕鑑以文學世擅顯名女曰嬪其門是稱克相孝事親闈奉大歸之姑劉尤摯舅居官廉夫以館穀贍家食弟妹昏嫁悉出己貲女佐之不色吝偕隱林泉縞綦無閟有鴻妻萊婦風其教仕鑑也慈而有方恒以師友切劘爲急故仕鑑雖文譽

日流而游道脩廣仕粵聞人若相國蘭谿趙公志臯總憲秀水沈公思孝粵中名士若順德歐公大任東莞祁公衍曾歸善葉公春及同縣龎公嵩霍公尙守等皆風義終身初女生性孝淑幼侍綱齋公靈川學署公權興安義寧兩縣疾卒於官女傷慟隨母兄間關扶櫬歸其後緜歷歲年悲懷往事每欷歔爲子仕鑑言未嘗不霑襟浪浪泣數行下也故仕鑑於其歿也亦哀毀踰禮廬墓終喪有紫芝甘露之祥而歐公爲作風木辭其序指以謂曾君仕鑑哀思母夫人之賢而棄養廬居有樓焉蘭谿公題曰風木予傷夫曾君之心之似臯魚也故爲之辭辭曰嗟海目兮嵯峨江西下兮牂柯繼龍蟠兮雲施九派流兮增波商秋蕭寥兮噫氣愁墜槲葉兮吹女蘿君有母兮奄逝祿不逮兮奈

何盼黃竹兮新阡靈徠下兮山阿揚翠旗兮孔蓋儵驂螭兮高駝木驚猋兮旦且夕吾誠不能解君心之苦兮而使其涕之不涔淫而滂沱悠悠兮終古爲君茲吾詩兮安歌後以仕鑑貫贈孺人兩姊俱有懿行長適順德古朗陳其詡生子刺史克侯次適同鄉石涌關世立生子審理玉成並有聲迹據歐虞部集慶曆稿曾仕鑑綱齋公墓誌世紀參脩

白川公適崔氏女 七世

白川公適崔氏女者同縣沙頭鄉崔吉妻也吉登嘉靖丙辰進士服勤官次女庀家政著賢聲洎吉繇戶部郎官出督湖廣雲南糧儲而女從兄謨毋弟讓科第繼武或仕至顯僚女淑慎始終無所介恃閫德爲族姓所宗據王宏誨白川公墓誌採訪冊參脩

上川公適老氏女　七世

上川公適老氏女者同縣沙頭鄉老則膺妻也嫁三月而夫故遺腹生一女夫氏有欲奪其志者女矢死靡它以柏舟自誓壽七十而終據南海節孝錄九江鄉志參脩

謹按鄉志本傳云父文擢蓋稱上川公名

絅庵公適陳氏女　八世

絅庵公適陳氏女者同縣沙貝鄉陳熙昌妻也毋淑人關氏初未有子女生而婉嫕習禮明詩見者歎爲閨房之秀而性情貞正邁出等夷嘗讀春秋傳至宋伯姬卒喟然推卷曰嗟虖諒爲女子當如此矣熙昌蚤英敏父宏棨爲國子監典籍絅庵公官户部同在南京遂締昏亡何公守夔州自免歸熙昌來就甥館

因移居焉子子壯娠有異徵夢神人以桂枝拂其腹曰俾爾生兒流芳百世及誕奇香滿室女心知其異益嚴於督養課百常童後子壯文章節義卓然爲一代完人母訓之力爲多寧靜有識熙昌舉鄉試第一登甲科子壯繼之以第三人及第入翰林色不加喜比熙昌居諫垣子壯出典試並以迕閹削籍亦不加戚第勖曰風霜雨露莫匪君恩順受其正可也天啟丁卯莊烈嗣位魏忠賢伏誅父子同起用會熙昌病卒子壯服闋累遷禮部右侍郎爭宗室授官事再削籍迺歸白雲山築雲淙別墅奉母以居按廣東新語雲淙別墅中有寶象林無畏巖鏡機堂海曙樓邀瀑亭餘籟閣淸泠庵朋泉諸勝久之起故官未上京師陷福王立起禮部尚書時馬士英與阮大鋮朋比爲奸子壯爲所抑

大清兵破揚州偪金陵士英竟挾王與太后闔宫潛遁次日子壯始驚覺遂微服出聚寶門沿途訪駕繇太平走蕪湖聞王被執北去過杭州陳華宇家得太后懿旨令星馳還粵集旅勤王迺歸抵家覲母依戀慈闈女曰聞南京已破吾以女爲死矣今福王何在女何緣獨歸子壯具述君臣失散之繇泫然流涕女勉之曰盡忠即以盡孝女毋以我故藉口養親若徒知事我以生反速我以死也子壯涕泣受教丙戌福州廣州兩唐王相繼淪沒子壯既受永明王大學士督師特勅遂以丁亥六月與舅子故戶部郎中實蓮舉義於鄉女毀家紓難盡斥金貲釵餙犒士爲搢紳大戶倡義師再攻廣州不克子壯長子上庸㘙殁卻入高明實蓮戰死子壯力竭就執遇害於廣州信至女閔然不哭曰

兒獲死所矣世世受恩非是無以報國從容入室投繯而卒時丁亥十二月也其從女適番禺文學黎彭齡蚤寡聞義泣曰吾家世篤忠貞不可以辱遂匿兒方潞於眢井自沈死沙貝陳氏爲宋朝散大夫康延之後先明天順成化時陳珙爲上猶訓導歷職有聲厥後簪纓相繼垂二百年珙子錫應天府尹錫子紹文梧州通判猶子紹儒南京工部尚書紹儒子宏采宏棨宏采慶遠知府宏棨善化知縣宏棨子熙韶熙昌熙韶恩知府熙昌吏科都給事中熙韶子子履知縣熙昌子子壯子升子壯太子太保東閣大學士兼兵部尚書總督廣東福建江西湖廣軍務子升兵科右給事中子壯子上庸兵部職方司主事門閥實與有明一代相終始故兩人言云然累封一品太夫人戊子江

粵反正子壯卹謚文忠贈太師上柱國特進光祿大夫中極殿大學士兼吏兵兩部尚書番禺侯遂晉番禺侯太夫人女雖世席華膴不喜服食奇麗之珍惟樂於家園中激流植援清景相對暇則偕弟田妻李疇妻易文字迭還弦琴鬻茗或招才媛劉蘭雪清吟適興而已無它嗜也惟勑子孫忠孝大節及與諸女頌譚說閨闈名義則感涕低徊不能已已聽者爲之心肅嘗擕劉媛飲靖節堂限韻詠竹媛獻詩曰最愛庭前竹漪漪曲檻中孤高撐落日勁直埽秋風龍去投笻巧鸞歸製笛工平生好脩節賴有此君同女最喜其落句曰如我心也爲諷誦久之自女之歿百有餘年吳郡李瑤著繹史以謂有明自熹毅二后湛身殉國不失陰教之正實於前史有光焉而臣僚之母妻姬妾卓

卓以盡節聞者如靖國黃忠桓得功夫人聞難自盡禾中徐忠懿石麒夫人孫氏赴水死南海陳忠簡子壯母朱氏自縊九江邨漳浦黃忠端道周夫人勸公盡力王事旋自經死它如華亭張忠穆肯堂四如夫人迸命不辱風化之盛未有過於此者烏虖禕已

皇朝乾隆四十一年褒錄勝朝殉節諸臣

賜子壯專謚祀忠義祠有司議以史冊所稱忠臣媜女死節者應入祀節孝祠以示表揚

制曰可女獲崇祀節孝祠據明史列傳欽定勝朝殉節諸臣錄御批通鑑輯覽唐桂二王本末欽定古今圖書集成閨媛典列傳大清一統志南疆繹史廣東通志廣州府志南海縣志番禺縣志廣東新語粵東詩海叢桂賸稿練要堂集陳文忠公手簡陳文忠公行狀世紀參脩

謹按明史陳子壯傳謂福王立起禮部尚書至蕪湖南京亦失守迺歸南疆繹史陳子壯傳同以行狀校之則殊未覈行狀載子壯在南京數爲馬阮所抑又載金陵將陷子壯詆趙之龍錢謙益語尤歷落則非未至可知行狀又謂子壯抵家覲朱太夫人於五羊城依戀忘闈太夫人曰聞南京已破吾以女爲死久今福王何在女何獨自回子壯爲具述君臣失散之繇泣然流涕太夫人勉之曰盡忠即以盡孝女毋以我故藉口養親若徒知事我以生是反速

我以死也子壯涕泣受教此段文字情真事信義正辭嚴千載以下讀之令人感涕實足追配古列女傳文若如史所云則此番問答爲無因古人驚心動魄之文全行薶沒矣

又按黎彭齡妻陳氏爲陳文忠公從妹即尚書紹儒曾孫番禺縣志作紹儒女孫尚無大謬廣東阮通志作紹儒女則誤矣陳氏子方潞或作方璐按通志選舉表實作潞璐蓋傳寫之譌

又按劉蘭雪名祖滿順德人　欽定

古今圖書集成閨媛典列傳作劉蘭雪蘭雪集又有陪陳太夫人游海珠詩云五日龢湖似渡瀘釵頭爭挂辟兵符珠遺洛浦誰家女印解湘潭楚大夫雪撼怒濤揺壘堞波侵斜日浸浮屠歸來試把諸姬問適聽菱歌記得無最爲當時傳誦

敬台公適馮氏女十一世　適梅氏女附

敬台公適馮氏女者同鄉馮峩輯妻也峩輯父曰起聖女年二十五夫故無子冰蘗自持奉祖姑暨公姑咸得其驩殫心嗣續遴小叔芳子後其夫壽踰九十有妹爲順德梅人倩妻芳次女適同里黃迺輔並以廿齡甘貧勵節人謂一門貞操悉原女風

化云據廣州貞烈傳廣東通志南海縣志南海節孝錄參脩

謹按縣志本傳稱九江朱伯誠女蓋稱公

字

江勝公適關氏女 十四世

江勝公適關氏女者同鄉關儒業妻也翁關昭秀居田邊古星女行四小字阿銀貞靜專壹至性絶人歸半載而儒業亡矣以身殉或譬之曰翁即貧毋家奉温飽兄又讀書知禮義能女庇也人生實難何短見如是不應俗亡者有七七之祭以三七爲重奠醊極哀牢醴既徹伺閒整衣自經死據採訪冊脩

南海九江朱氏家譜卷十一終

南海九江朱氏家譜卷十二

七世孫學懋初輯
十世孫昌瑤續脩
十五世孫士報
十六世孫士仁編校
十五世孫西長
十七世孫奎元捐刊
十六世孫福元
顯元

雜錄譜　雜錄

雜錄者何叢錄也叢錄所以爲備也前譜之而未備則攟拾叢瑣以終之云爾有行焉有藝焉胥子孫者藉也何也爲攸好之德歟明厚也厚所以敦薄也爲章身之

藝歟示文也文所以恥陋也故曰胥子孫者藉也旁及金石何也今夫一硏而代守也一笏而銘播也家故也金石又家故而資考證者也細及軼聞何也鬼神夢卜生卒之故人情樂聞也於其祖其族尤樂聞也思祖宗而不得見聞其平生鬼神夢卜生卒之故如將親之矣然而譜以是而備也奈何曰雜則無統也雜則無弗統也如禮之有雜記也如易之有雜卦也是經義也作雜錄譜

雜錄

先世家法多行濟人利物之事凡隄防衢道津梁市肆井泉墓地祠嘗之屬能行愛利者爲之如南塘公 仕淸 增建桑園下圍

仰柏公文捷築塞南極下牐畹亭公士琦上書論西江水患始末各詳家傳譜本傳然微特此也萬歷末海洲水割圩垸崩陷幾盡海洲居桑園全圍上游封君太一公凌冲時爲諸生亟與文學石室公還唱率里排上言制府張公鳴岡謂此隄逆障洪流爲河伯所必爭須退百數十丈刖拗一隄折旋讓之方可免患制府確勘報可遂定議計基三百餘丈以十堡通工派築後承邑令羅公萬爵委佐官督理數月圩工告成未幾原基盡沒

南海縣志萬歷四十年壬子九月十六日海舟下墟基坍陷幾盡生員朱泰一朱石室等倡通圍里民呈張制軍鳴岡檄海防晏攄忠履勘晏采輿論勘覆謂此基逆障洪流爲河伯所必爭須退百數十丈刖拗一基乃可免患制軍允行遂飭里民計畝派築新基三百丈有奇縣令羅萬爵委佐官監工數月工畢越三載原基潰沒今三丫基是其遺址九江鄉志李村圍屬海洲堡分居本鄉上游向被水割圩内崩陷幾盡經朱太一朱石室二公倡呈制臺下議海防晏公攄忠詣勘謂此隄逆障洪流爲

河伯所必爭須退數十丈別𠜱一基方可免患定議計三百丈有奇以十堡計畝派築本鄉分下該一百一十丈籌畫已定排戶尚多推諉迨己未冬吳五雲公登甲榜縈旋懇邑侯羅公萬爵委佐官督脩數月圩工告成後三載原基盡沒桑園圍志萬歷末海舟堡下隄湍激陡立勢難久支文學朱泰等籲請制府於海舟界下加築三了隄隄成垂七載而原舊隄決續桑園圍志萬歷四十年壬子九月十六日海舟堡水割下圩坍陷幾盡經庠生朱泰等呈請制軍履勘謂此隄逆障洪流為河伯所必爭須退數十丈別𠜱一隄方可免患定議計三百丈有奇各堡計畝派築復承邑侯羅公萬爵委佐官督理數月基址告成至萬歷四十七年原舊基潰據南海縣志九江鄉志桑園圍志續桑園圍志參脩

謹按鄉志謂太一石室兩公建議後里排仍多推諉萬歷四十七年吳進士羽侯得請邑令羅公隄工迺成縣志圍志俱無進士請縣事鄉志謂萬歷四十八年圩成又三載原基沒新舊二隄成毀歲月與縣志

圍志亦不同按南海縣志職官表知縣萬
歷三十八年至四十三年皆陳儀任四十
八年羅萬爵任疑鄉志之言爲得其實
又按各志或稱朱泰或稱朱泰一意當年
呈牒原稱朱泰圍志所據者公牘之文鄉
志縣志則確知其人故稱朱泰一朱石室
也

大洲圍在九江大圍内四面環水圍基一千一十餘丈内包桑
地魚塘八百畝有奇崇禎辛巳大路峽決桑園圍全境被淹大
洲水冒隄面給諫淨燠公伯蓮時爲孝廉亟白邑令朱公光熙
給示委官以畝科金以丁幫役水退刻日完築眂本年潦痕增

崇三尺屹然爲內圍之雄據南海縣志九江鄉志參脩

謹按淨煥公脩築大洲圍鄉志謂在崇禎辛巳縣志謂崇禎辛未考桑園圍志大路峽基決屬崇禎十四年辛巳崇禎四年辛未無決圍事縣志當誤

大橋頭橋萬歷間典儀省庵公諱　捌建據世紀脩

沙嘴橋原在社前知府絅庵公諱　改建沙嘴涌口曲岸又別捌一橋於其東統名沙嘴左右橋據廣東通志廣州府志南海縣志九江鄉志參脩

謹按涌字辨證見墳塋譜

洲水埠橋知府絅庵公諱　建據廣東通志廣州府志南海縣志九江鄉志參脩

謹按省志府志作周水埠縣志作洲水埠

鄉志作洲子埠今稱洲水埠橋

石步頭橋知府絅庵公讓建據廣東通志廣州府志南海縣志九江鄉志參脩

謹按省志府志作石埠頭縣志鄉志作石步頭今稱石埠橋亦曰石步頭橋

又按洲水埠石步頭二橋廣東通志廣州府志皆謂邑人知府朱讓建而縣志鄉志失載名氏殊疏

又按數橋建造當在萬歷十七八年以後公致政家居時

潭涌橋崇禎間給諫淨㠭公伯蓮爲孝廉時重脩據廣州府志南海縣志九江鄉志參脩

謹按潭涌鄉志一名曇涌潭涌橋縣志鄉志作石橋蓋稱名偶異也府志稱潭涌渡卻誤

沙邊橫水渡州守湛一公凌霄設據廣東通志南海縣志參脩

謹按廣東通志謂沙邊橫水渡邑紳朱凌霄設南海縣志未列名氏已失詳覈鄉志並渡名亦從闕如尤疏脫矣

天妃廟前墟趁墟期以單日正德元年里排設嘉靖時移涌口

萬歷間知府絅庵公讓又遷龍船澳據廣州府志南海縣志九江鄉志參脩

裒海墟知府絅庵公讓移廟前墟於此建墟亭二十餘楹據廣州府志南海縣志九江鄉志參脩

南海道路繇城西渡海南岸經鹽步佛山黃鼎西樵九江諸鄉落通順德新會三水香山諸邑先是大通而上賊刼渡禦人無晝夜鄉人議築瀕海陸路便往來請於部院藩臬監司各報可捐助有差知縣黃熙允捐百緡躬履勘高下平陂爲之經始而鳩工庀材度支出入則邑人尚書李待問主事龐景忠克底於成九江一帶路徑紿諫淨㷿公伯蓮時爲孝廉宣力爲多崇禎十年制府熊公文燦撰文立碑據南海郭志魏志參脩

大洲圍基路一千餘丈國朝乾隆三十五年文學梅軒公春林唱衆脩築始砌以石據南海縣志脩

高泉井在九江大望山麓號鄉中第一泉舊名破桶以其水常高出池塘二尺許黎州守春曦更今名明季戊子己丑間荒圮

堙廢護衛見庵公端揆出貲甃築又釀金於二三同志砌石鐫碑黎州守爲文紀其事黎春曦朱護衛脩復高泉井記凡物美惡有其地興廢有其時限於地者遷而弗能爲頁也隨時而起事每有功焉夫天一生水地六成之迺其神瀵千里一見故居里得此實生人之大快然蘿沒於窮鄉僻壤荒烟蔓草者不知凡幾若所稱天下名泉以余聞見揚子心第一泉中泠已失第二泉慧味特甘泉稱水之醇久宿弗陳雖經沇潦依然新汲山左七十二泉首推趵突既沖澹又得味之正且隍池數武三泉涌起若珠樹燦爛眞奇觀也至學士泉亦失獨存蟹眼容不盈斛而沛然無窮色味淸美與趵突並驅中原莫或先也我里元岡之陽舊泉名破桶鄉人士皆歎詫爲蟹泉伯仲戊子己丑間荒圮堙廢余見其水常出池塘二尺許僭易名高泉載於鄉乘以脩復相勉至是朱見庵與二三知己釀金甃築立碑於上錢若干千有奇見庵淸高曠達不愛勤勞永成我里快事蘇子瞻所謂鏘瓊佩之落谷灩玉池之生肥退五味以謝六塵悟一眞而失百非渺松喬之安在猶想像於庶幾豈欺我哉易曰井渫不食爲我心惻可用汲王明並受其福後之用汲受福者無忘脩復之功據九江鄉志黎春曦朱護衛脩復高泉井記參脩

鄉西方龜山其東南址義地一區賄君奮之公成發捐置嘉慶

道光中分給族人洪志德滋等安厝立塋據採訪冊脩

贈君慕韓公廷貴捐增始祖嘗產費白金至二千五百兩有奇洎考終仍惓惓以郵族爲言命子奎元福元顯元等善承厥志據採訪冊脩

先世詩文著撰藝文譜集部具見厓畧其散落篇章邊幅完善者朱氏傳芳集亦已捘羅若夫單辭賸句傳誦士林楹帖門題藉以見志攄逸所存弗敢遺也曾仕愼字禮中刺史儲孫文學宏基子讀書守素能編兩世遺稿陳參政萬言常歎曰生子當如曾禮中竟徜徉海偶以卒封君後溪公學濂贈詩有蚤悟羲葩經晚弄煙霞月句據九江鄉志脩

文學石室公遐晚闢嘯園一時名流題詠殆徧公牓其門云樗

櫟從相棄支離可自全黎州守春曦謂惟公爲能自道其概也據九江鄉志脩

謹按嘯園見祠宇譜園亭樓閣類

湛一公凌霄兩爲縣令三領州牧一綰郡符告歸之日行槖楞如考室勵蔽風雨嘗刻句聽事曰官貧捌宅能旋馬世遠積書欲汗牛書法樸古今猶存據田某湛一朱先生墓誌銘採訪册參脩

謹按湛一公刺史第見九江鄉志詳上祠宇譜第宅類

烈愍公實蓮與陳文忠舉義師再攻會城不克退保高明喋血登陴固守五十餘日西師救援不至城陷死之危急時公知事不可爲迺北嚮再拜齧指書絕命辭於麗譙之壁落句曰絺袍

不染腥□血世上男皃枉讀書緜是聞者感激靡不蹈刅爭先
迸命死敵文武吏士下至阰隸閭閻無一偸生者難後其城遂
空百餘年猶蕭條也據楚庭稗珠錄高明縣志世紀參脩
謹按錢澄之所知錄大學士陳子壯入高
明與麥而炫朱實蓮嬰城固守李成棟用
四姓盜鄭昌等爲導圍攻破其城殺實蓮
於南門子壯而炫被執然則烈愍公灑血
題詩處迺高明城南門樓也
四古公國材明季時爲浩社魁盛有文譽國朝康熙十二年
以歲薦應廷試旨擢一等第一名授開建訓導文望益尊
四方投贄就正者無虛日闗凌雲太史上進徵時蹭蹬以窗稿

贄公公大驚異戲書牘背曰文追八代而起衰寗惟上進筆手一枝而畫日奚翅淩雲太史謝不敏而銜感次骨兩人爲忘年石交自此始矣據木蘭軒集世紀採訪冊參脩

謹按後進投贄詩文而先達以其名字爲諱者始於顧況長安米貴居大不易之語然顧猶意含輕薄公則嗜善無寗憐才若渴洵乎諱而不虐矣

嘉慶末冠廷公松貴與番禺陳廣文際清同縣姚孝廉芳等夏課省垣公爲人溫雅如玉士友咸喜之課有到處聚觀香案吏詩題公落句曰人間畱不住歸侍紫微宮當時羣推高唱不逾年感疾歿殂竟成詩讖據採訪冊脩

霞城公（博）以府考冠軍進學負才名秋闈十六次不售嘉慶庚午勵以年例　賜副榜觴客時爲楹聯曰後車載我而非也魁士隨人信有之自謝自譽蓋詩人簡兮萬舞之風（據採訪冊脩）

明經南溟公（程萬）幼與同里關大令士昂陳孝廉履恆研削契密泊老酬唱不衰二公過從有詩公遷延不即畣大令詩來督促曰昨投里語虞唐突逕欲追回遽未及旋承報可始寬然旣迺初疑復來集和章見許久遲遲豈是茶漿務正急渴望珠璣滿幅來慇懃引領風前立公得詩立次其原作七古三十韻有我近深居似蟄鷦壁魚蟫蠹相因緣送君偶出隣里怪定作佳話紛流傳桑眕平分屋角緑荔奴偏繞溪頭煙藍田里外一開眼春光未去韶景全獨惜苔岑幾密契舊吟春樹增纏綿平生

不慣徵逐友今辰見爾眞陶然等句曲折揮灑畧無迻疊痕迹於是下筆不休郵章絡繹大令復簡日昨暮南溟枉畣長篇今晨復見貽數首抑何敏麗若此也走筆奉酬頻送詩來當晤譚狂吟風雪興何酣君今便是朱齡石頃刻書成八十函公歲暮又有用前長句原韻詩投二公有意氣多婞婞喉舌少便便酷愛栽花襯拳石石愛碑兀花愛鮮句又有願學鴻鵠舉天地識方圜未及羽毛豐情事感變遷句迨二公繼和已偪辭年矣老輩風流至今想見（據賦閒小草脩）

香山黃中翰培芳最愛太學曉崖公（光宇）水流山動影日落渚增寒及客舍聞雁別恨忽從天末起寒聲偏嚮客中聞此去莫多飛故國免教兄弟憶離羣等句公又有郡樓晚眺句畫舸笙

簫官渡月梵宮金碧女牆山爲時所誦據香石詩話採訪冊參脩

孝廉辰階公堯勳寄情栝杓每飲醰醰睟睟有石曼卿醉隱之意俗有醵錢作聯語者出句曰婦感霜飛衣遠寄公遽對曰人生日用酒難慳湊泊天然時以爲笑據採訪冊脩

清苑王少宰植督粵學試諸生以分詠㯭帆篙柁四律同用三江命題畹亭公士琦詠㯭曰三折沿流歸別浦一枝搖夢過春江詠帆曰到底順風收也好波瀾平地有春撞詠篙曰此君便是迴瀾手撐拄橫流向急瀧詠柁曰西上提防傷灩澦南游歡喜鼓湘江惟有把梢人最苦滿船恩怨語言哤少宰大嗟賞鐫以廩同郡張太守維屏亦喜誦之嘗詰曰四作何緣不蒐集中公唯唯太守最嗜公詩謂獨得陶杜眞詮或問畹亭詩信工然

如君作鷙鶩鳴卷阿我為野鶴歸尉佗勿假借否太守曰何為亦太白海上碧雲斷單于秋色來例耳人服其辯據採訪冊脩

晼亭公怨歌行起語春風鼓天地不暖瀟湘滑羣龍滿高衢窮士寒無衣張南山太守曰落手驚奇參軍陳思有此起調今按公集無此詩蓋久佚據採訪冊脩

名流結社嘉靖間通守石潭公謨為諸生與關茂才文仰鄧茂才進陳參政萬言司馬艮珍兄弟結社於小樵山堂為時士倡里中稱五傑選拔白岳公完開社會垣名流咸集極一時朋簪之盛歐楨伯先生大任致政里居年逾七十亦歸然領袖其間萬歷中贈中祕莘犂公田贈侍郎箕作公疇廩生惺宇公繼鳳庠生涵宇公繼芳與同里黃比部應舉鄭孝廉融結社於牛山

祠曰雅言社俱詳家傳譜本傳陳大令超然撰其世父淇涯司馬良珍行狀云公致仕後築溪南書屋開軒吟詠與封君朱學濂太守朱讓及關志昂朱儀陳伊言伊謨黄思宏朱學懋弟萬芳結社彈棊賦詩徜羊山水間據此又里中一結社故事也據陳超然世父淇涯先生行狀脩

粵臺徵雅錄謂萬歷中郭棐致仕歸與陳堂姚光泮張建臣黄志尹鄧時雨梁士楚陳履鄧于蕃袁昌祚楊瑞雲黄鏊陳大猷王學曾金節郭磐凡十六人闢浮邱社以續南園而吾鄉陳參政萬言本業堂集有南歸入社詩云箭落雙鵰關月明十年孤劍客長城君王秖爲邊臣老詔許歸閒罷北征春雨移舟酒易酤江頭花影淨蘼蕪南園杖屨從仙客卻憶風流五大夫又有

喜郭夢菊讌按郭棐字篤周號夢菊入社詩云一入鼇叢國星辰應使君夜郎揮彩筆巴蜀諭雄文攬轡澂江色移舟動峽雲歸來蓮社伴猨鶴暫爲羣陳郡丞艮珍在璞稿有憶浮邱舊侶和石潭詩云自別芙蓉社階蓂日又生懶雲寒不起瘦月遠添明虛閣三層迥閒身一葉輕老來清興減戀舊若爲情考郡邑志郭公本傳萬歷二十三年乙未以光祿寺卿致仕歸而郭子章撰參政墓誌言參政卒於萬歷癸巳則實在郭致仕之前二年按墓誌又謂參政告歸十餘年迺卒吾家石潭公捐館在萬歷庚辰更遠在其前十五歲然則粵臺徵雅錄載浮邱詩社闕於光祿致政之後其言原未審也據粵臺徵雅錄南海縣志本業堂集在璞詩稿郭子章參政海山陳先生墓誌子樵石潭府君墓誌參脩

曾徵字元因號瑞松刺史儲從弟性貞素閒逸築小仙亭栽花

滿徑前植楊桃覆陰日與陳郡丞一艮珍及吾家絅庵公讓結社觴詠壽九十八據九江鄉志脩

白岳公完才華風義傾倒時流書畫尤著聲海內欽定書畫譜本傳欽定圖書集成本傳均謂其分隸獨步萬歷間自會垣開社爲一時社士白眉又於廣州北郭築虹岡別業環谷山莊搠梅花詩社社侶李文介公孫宸韓節愍公上桂等咸有詩據朵雲山房集脩

詩流結社自宋元以來代有之至於文社始天啟甲子合吳郡金沙檇李勵十有一人張溥天如張采來章楊廷樞維斗楊彝子常顧夢麟麟士朱隗雲子王啟榮惠常周銓簡臣周鍾介生吳昌時來之錢栴彥林分主五經文字之選而效奔走以襄厥

事者嘉興府學生孫淯孟樸也是曰應社當其始取友尚隘而來之彥林謀推大之汔於四海於是有廣應社貴池劉城伯宗吳應箕次尾涇縣萬應隆道吉蕪湖沈士柱崑銅宣城沈壽民眉生咸來會聲氣之孚先自應社始也崇禎之初嘉魚熊開元宰吳江進諸生而講藝於時孟樸里居結吳翩扶九吳允夏去盈沈應瑞聖符等始創應社爲復社復社肇於崇禎戊辰成於己巳其盟書曰學不殖將落毋蹈匪彝毋讀非聖書毋違老成人毋矜厥長毋以辯言亂政毋干進喪涸身嗣今以往犯者小用諫大用擯僉曰諾是役也孟樸渡淮泗歷齊魯以達於京師賢大夫士必審擇而定衿契然後進之於社蓋先後大會者三復社之名動朝野於是雲間有幾社浙西有聞社江北有南社

江西有則社又有歷亭席社崑陽雲簪社而吳門別有羽朋社
匡社武林有讀書社山左有大社僉統合於復社而粵中則吾
家茂才南喬公國臣學博四古公國材與同邑阮學博解等倡
立浩社於廣州以應之萃嶺海知名之士數十人數會於城北
鎮海樓衣冠槃敦之盛爲五嶺以南所未有遥與吳會相賡和
蓋其時文社盛興始事者皆顯聞當世復社而外幾社則陳子
龍卧子夏允彝彝仲徐孚遠闇公周立勳勒卣南社則張致中
性符白受藻素先方能權巽若讀書社則聞啟祥子將嚴調御
印持嚴武順忍公嚴敕無敕大社則趙士喆伯濬而粵中浩社
亦惟南喬四古二公暨阮學博得名云據社事本末復社姓名錄靜志居詩話阮解雲
漪公墓誌參脩

先世宅躬爾雅游藝多能以書畫名世者相望其尤著者備紀於　欽定書畫譜書家列傳畫家列傳　欽定古今圖書集成法書名家列傳畫部名流列傳書史會要畫史會要明畫録古今能畫人姓名録及地方志乘諸書固已薄海具瞻聲華藉甚顧世歷緜曖名蹟日希今輒采見在所有或家廟弆存或宗人世守傳流有緒篋衍珍儲者畧仿梁虞龢進書表之例分别綠紙唐褚遂良二王書目之例謹登行數元周密烟雲過眼録之例兼詳印記　國朝高士奇江村消夏録之例並臚尺寸覼縷於篇以重手澤若夫海內所流傳名家所賞鑑縱有見聞恐貽挂漏不能徧著也

白岳公完墨蹟立軸紙本高三尺六寸闊九寸二分八分書四行署款鶴堂完稿四字行書完好藏家祠

題罷燈詞興未闌捲簾生日照春盤忍拋竹葉不成醉爲
愛梅花偏耐寒劍氣沖將天上去驪珠握得手中看與君
只合頻消遣脫穎於今知者難　鶴堂完稿行首題字旁有蘭伍亭朱
文印款後三印第一印只辨左方山空二字第二印
白雲珠海之間六字第三印朱完之印四字俱白文

白岳公完墨蹟詩冊烏絲闌紙本二十七幅幅高七寸五分闊三寸九分行書八十一行引首二幅雅賞
二大字字高五寸七分篆書引首署款朱完二字行
書全冊微有蟲蛀損剝歲貢程萬家藏子士仁世守
雅賞　朱完有白文朱完二字印季美二字印

山居雜詠

岡連雉堞白雲攢池館新營十畝寬幾樹桐陰雙白鶴主
人常著竹皮冠　倚杖空亭日欲晡烹茶還就竹間鑪蒲
團偶坐談禪客更速能詩舊酒徒　荊扉寂寂日初長短

揭疏簾納晚涼山鳥不知方睡覺引雛還近小窗傍　城隅幽僻似村居習懶相過禮法疏供給豈須愁市遠山園菜甲自堪鋤　塵心頓息學維摩誰悟浮生亦逝波病瘦原非因酒苦身忙只爲索書多　萬竿脩竹繞山堂鄖使炎蒸午亦涼留客有時燒素筍酒醒常覺稻花香　繞徑新花手自栽捲簾長日對花開亦知不是草元宅載酒何當客故來　平岡極望蔭壇邊中結一庵可入禪清磬有時還自發楞伽常日對僧看　爲園敢擬辟彊幽只可栽瓜學故侯獨有山門長不閉任從傖客日來游　坐客絶無襏襫子脱巾躶體卧長林寧須絲管供觴詠自有山蟬盡日吟　窗臨煙樹千家暝坐對晴峯萬疊重讀罷離騷

新茗熟忽驚涼月挂高松　門護垂藤別一家野人性本癖煙霞閒依竹徑還調鶴晚汲山泉自灌花　朱完（有白文朱完二字印，季美二字印）

憶余齠齔（應是齠字誤筆寫齔）離襁褓不好嬉游事探討弱冠已與弟子員一時英雋推文藻自謂富貴來逼臣致身青雲不足道寧知此事竟寥寥敝帚千金徒自寶結客不復顧家貧意氣絲來慕管鮑尊中綠酒長不空坐上佳人多燕趙臨池學（此字傍加點乙去）好仿右軍書學詩偏愛杜陵老囊中羞澀無一錢圖書萬軸猶嫌少門前冠蓋雜遝來終日同游似鷗鳥結廬岡上怡白雲竊笑世人徒（字缺）擾倏忽年過四十餘瘦骨峻嶒尚騫矯偶有游客自七閩傳神寫照長康

巧邱壑置我在其中目送飛鴻意緬藐恨無仙術駐朱顏蒲柳之姿難長保昨日看圖今日殊何况它時不衰槁爲我多謝諸少年人生努力應須早　朱完自題小像有白文朱完之印朱氏季美二印人名二字模糊表弟一笑以下有數字模糊損剝難辨

白岳公完墨蹟立軸紙本高四尺二寸八分闊一尺六寸七分正書三行署款朱完書三字署小完好監生光宇家藏子教諭庭森世守

雨歇楊林東渡頭永和三日盪輕舟故人家在桃花岸直到門前溪水流　朱完書有朱完之印四字朱文印朱氏季美四字白文印

白岳公完墨蹟橫幅烏絲闌絹本高一尺二寸六分長四尺四寸九分後來贉池者分文內凡其二字以上爲一幅長二尺二寸六分愛艮二字以下爲一幅長二尺二寸三分總三十三行行楷書完好有朱文老氏騰溪書屋珍藏

印進士次琦家藏

跋白沙先生題陶方伯思德碑後　湛若水撰

此我先師白沙先生所題方伯陶節庵公思德碑後之文也白沙先生以道德爲一代儒宗其於人也固少許可陶公以材武爲一方良帥其於世也亦少知之者今觀先生所以稱之者有三難焉則陶公之良可知矣至謂公之治民如其治兵而皆本之精神心術之運則陶公之所存蓋可知又有以見兵民之一道矣孟子曰壯者以暇日脩其孝弟忠信入以事其父兄出以事其長上可使制挺（應作梃誤筆作挺）以撻秦楚之堅甲利兵是故治民治兵其道一也或曰公自恩廕起家新會丞以至方伯轄三廣凡其（贖池者於此斷）

爲二幅愛民如愛其身撫兵如撫其手足此所以民心悅兵力强所向機捷神應如身心之使手足攻破戰克無不如意是以寇弭而民安之功德之流後數十年將帥無其比者此思德之碑所以作而白沙先生之所稱爲不虛矣公之孫錦衣千戶鳳儀瑞之居武而好文新會稾生益允謙應世襲脩文而遜武嘗與予游表裏質直恂恂乎人不知其爲將門之裔也詩曰貽厥孫謀以燕翼子陶公有焉又曰無念爾祖聿脩厥德瑞之允謙有焉瑞之一日持此卷謁予京邸予爲拜讀謹書其後以歸陶氏俾世守以爲訓

後學朱完書 有白文朱完之印朱氏季美二印

謹按白岳公書尚有贋本數幀爲祠庫及

宗人所藏意亦從眞蹟嚮搨廓塡而出者

僞迹顯然今不著錄

淨燠公伯蓮墨蹟詩冊烏絲闌紙本連幅一百有九行並空白幅高七寸三分闊七寸八分行書一百二十行每十行通陰陽板爲一幅稍有蟲蛀損剝進士次琦家藏

賦得明妃夢回漢宮四首和李青來韻

不分餘恩絕未央幻將啼笑到昭陽恨深自失寒更漏命薄誰憐曉日霜僥倖舊顏通漢使支離嬌骨厭胡牀卻留千古琵琶怨字難辨共西戎道路長 二 倦倚穹廬博晚曛意中夷夏陡然分丹青羞買當時寵羊豕爭投異類羣眷爾來思方殢妾翩何立望且疑君預知青塚千年骨不及陽臺一片雲 三 忍將環珮侍天驕字難辨借精誠感

聖朝杜宇恨隨金管發秋風風寒逼玉顏銷蕭條塞月千門冷只尺悲心萬里遙莫儗妾魂招未得相思一夜渡西遼

四　朔漠風霾日月昏紫綃顛倒積啼痕戎非我匹曾何惜命在和親未敢言一綫玉關通舊闥千行霜雁寄歸魂誰當贖取垂楊縷穩繫君王覺後恩　右為　寶生賢曾姪孫書政旹庚申孟冬日識之　七十八樵叟伯蓮學

有伯蓮二字朱文印

子敬二字白文印

杜少陵諸將五首

漢朝陵墓對南山胡騎千秋尚入關昨日玉魚蒙葬地蚤時金盌出人間現愁汗馬西戎逼曾閃朱旗北斗殷多少材官守涇渭將軍且莫破愁顏　二　韓公本意築三城

擬奪天驕奪漢旌豈謂盡煩囘紇馬番然遠救朔方兵胡來不覺潼關隘龍起旹聞晉水清獨使至尊憂社稷諸君何以荅昇平 三

雒陽宮殿化爲烽休道秦關百二重滄海未全歸禹貢薊門何處覓堯封朝廷衮職誰堪補天下軍儲自不供稍喜臨邊王相國肯銷金甲事春農 四

迴首扶桑銅柱標冥冥氛祲未全消越裳翡翠無消息南海明珠久寂寥殊錫曾爲大司馬總戎皆插侍中貂炎風朔雪天王地只在忠臣翊聖朝 五

錦江春色逐人來巫峽天風（天風二字旁加點乙去）萬壑哀曾憶往時嚴僕射共迎中使望鄉臺主恩前後三持節軍令分明數舉栢西蜀地形天下險安危須仗出羣材（清秋二字原自注） 雲莊朱伯蓮筆

有伯蓮二字朱文印

子敬二字白文印

春塘之一

春塘弱柳借煙持一雨頻催水部詩短袂正堪驅禿穎閒心容易就枯棊夢思未合柔鄉老冷暖何分飲水知光氣忽生芝玉砌板輿輕馭宴芳時　二　睆爾桃笙傍砌舒羲皇人醉落花餘燕鶯未老啼春脫一字　絲竹交纏渾玉如鄭野幾番駭夢鹿碧山休復笑焚魚霞衣一振淩秋漢莫遺纖塵且染袪　三　蟬課移風别有腔露形雲態淡應降分香銅雀誰悲武假藥字缺山豈贖雙道險未遑嗟劍閣星芒空見起桐江亦知塵界今如許且伴寒蜂鑽一窗　四　同溪垂字損剥難辨失東附松徑春園豈就蕪夜色定須

賒太白古聲誰與叩錞于虛疑鎖體體字旁加點乙去終成佛肯

信靈蛇自握珠鼓吹條看分兩部渭城朝響苔樵夫骨此字原自注五松以高寒不隱聲心如方岳詎能平頭顱半

百嬰兒色草木三春晚暮情饒爾餔糟分薄醉誰將封髮

問初盟落得落得二字旁加點乙去靜聽寶瑟空城怨閒潑淋漓到

墨卿　右春塘五首倣古人無題作也辛酉上春偶書似

寶生孫輩一粲老筆草草原不足存聊紀一時之興云

耳　雲莊老損剝缺二字伯蓮識原二印紙損缺其一存子敬二字白文印

淨燠公伯蓮墨蹟詩幅紙本一詩分二幅幅高七寸八分闊七寸八分總十行行書微損剝儒士喜生家藏

休鷩長漏促銅龍夢醒瓊樓有字難辨通曲勁柘枝憑踏節

絲（字難辨）楊柳自禁風博山灰爇金猊伏積瓦雲凝玉殿烘狠藉錦（字難辨）歡不盡橫經腐殺馬家融（字難辨）轉儗西崑似

莪莘詞兄笑正　燠道人朱伯蓮（詩首休字旁有朱文敝帚自珍四字印款後有白文伯蓮私印四字印）

淨燠公伯蓮墨蹟詩幅（紙本一詩分二幅幅高七寸八分闊七寸八分總十行行書微損剝儒士喜生家藏）

麗質天成未易媒（媒字不全下一字損缺）人幽思費徘徊蘭香暗繞金條脫薇露晴薰玉鏡臺譜上鴛鴦從指出琴（琴字不全下一字損缺）鸞鶴逐絃來掌書僊久瑤天住謫向人間又一回　為綏州羅才女賦似

峩奉辭兄粲正　烟橋朱伯蓮（詩首麗字旁有朱文敝帚自珍四字印損剝不全款後有印亦模糊難辨）

淨燠公伯蓮墨蹟詩幅紙本高七寸闊六寸六行行書徵損剝同知篆福元家藏

佐讀功勳字缺昔然天教懿淑享遐年缺二字斑舞歡盈膝不盡霞觴醉綺筵福海東來添鶴筭瑤池西望降鸞箋懸知阿母開顏處賸有祥光徹大千　朱伯蓮有朱伯蓮印四字白文印子敬二字朱文印

庇亭公協蓮墨蹟立軸烏絲闌紙本高三尺四寸七分闊一尺二寸一分九行行書有蟲蛀損剝藏家祠

字缺物美惡有其地興廢有其時限於地者遷而弗能爲良也隨缺字三事每有功焉夫天一生水地六成之乃其其字不全下缺二字千里一見故居里得此實生人之大快然埋沒於窮鄉僻壤壤字畧損下缺三字草者不知凡幾若所稱天下名泉以余

聞見（見字不全下缺三字）第（第字不全）一泉（字缺）冷已失第二泉慧味特甘泉稱水之醇久（缺二字）陳（陳字不全下缺二字）涗滌依然新汲山左七十二泉首推趵突既沖澹（缺五字）且隍池數武三泉涌起若珠樹燦爛眞奇觀也至學士泉亦失獨存蟹眼容不盈斛而沛然無窮色味淸美（美字不全下缺一字）趵突並驅（驅字不全）中原莫或先也我里元岡之陽舊井（井字不全）名（名字畧損）破桶（桶字不全下三字模糊）皆歎詫爲蠏（爲蠏二字不全）泉伯仲戊子己丑閒（丑閒二字畧損）荒圮堙廢余見其水常（水常二字不全）出池塘二尺（尺字不全）許畱易名高泉載於鄉乘以脩復相勉至是朱見菴與二三知己醵金甃甃立碑於（於字不全下缺一字）錢（缺三字）有奇見菴淸高曠達不愛勤勞永成我里快事蘇子瞻所謂鏘瓊佩之落（落字不全）谷灉

玉池之生肥[字缺]五味[五味二字微損]以謝六塵悟[字缺]眞而[而字不全下缺三字]渺松[松字不全]喬之安在猶想像於庶幾豈欺我哉易曰井渫不食爲我心[爲我心三字不全]惻可用汲王明並[缺二字]福[福字不全]後之[字缺]汲受福者無忘脩復之功　脩復高泉井碑　朱協蓮書[有朱文子裏二字印]

謹按此文黎州守春曦作見上

庇亭公　協蓮　墨蹟詩幅[紙本高七寸闊六寸六行行書微破損同知福元家藏]

弁珈曾見冠當年萊服今看舞[字雜辨]川何處傳來青鳥使玆辰闓下[下字不全]彩雲軿紫霞觴裏容華茂闓苑[苑字不全]秋高花木鮮愧我欣從姻[字損剝難辨]後時時長得醉瓊筵　朱協蓮[有朱協蓮印四字白文印子裏二字朱文印]

庇亭公協蓮墨蹟詩幅烏絲闌紙本高七寸七分長一尺五寸七分二十二行行書有黄成遠堂珍藏六字白文印完好監生汝浩家藏

丹霞非身上人過坐姸暾堂賦此

能悟此身非是身三身總已脫氛塵丹霞有象迎香象碧
海無波輾法輪巢破臞同深谷鶴客來眼見急灘鱗徒慚
五施盟心在未必恒河認舊人

宿海幢

風細輕舠渡海幢毒龍多被故人降江聲午夜侵禪榻佛
火千條映鈞砠輪或卧時空伎倆剎開喧處壓鴻厖閒身
恰與閒僧共野鶴歸來見幾雙

擬卜築

欲向青山買半隅移家種黍近禪居不須扃鑰藏君子甘以餘生學野漁草罷雲藍看藥竈吟殘烟水讀藏書山花三里多佳色故舊憑他一訪予

晴窗

成敗休將過耳輪是非先已息根塵手鈔王建詩三卷吟與林逋聽一春挂壁遠飛遼海鶴焚香澹寫藐姑神求書又有閒人至復染鵞溪素絹新　近作書似　莪萃社詞兄正　朱協蓮（有朱協蓮印四字朱文印子襄氏三字白文印）

鹿亭公　協蓮墨蹟詩幅（烏絲闌紙本高七寸七分長一尺五寸七分二十二行行書有黃成遠堂珍藏六字白文印完好）儒士喜生家藏

水中花影

數枝斜傍曲欄前一色參差落水邊浪引遠枝搖不定香
橫高岸態先傳弄珠神女歸湘浦委佩仙人過藥川無事
橫塘妥小席浮來千變總嫣然

月中花影

蟾光如洗透花鈴陰裏留光到綠庭斜倚芳魂輕剪剪高
環香幕半冥冥色（色字破損）分明暗真兼幻枝帶蒼涼影是形
何用虹橋開漢道花神素女下雲軿

鏡中花影

何許橫斜上鏡臺千枝萬朵渺然開綠窗隨處窺面金屋
無勞倩好媒京兆畫眉時借照閨人彩勝對相裁疑真疑
假分香氣怪向菱花首重回（嬌此字原自注）

日中花影

半林爛漫對朝曦葵藿何勞問此時但是有心能向曉却憐無影不爭奇字難辨香隨地晴偏見頃刻移陰午較遲有酒夕陽應命駕也須延賞和新詩　近作書似　峩兄社盟請政　協蓮有朱協蓮印四字白文印子襄氏三字朱文印

謹按庇亭公書尚有贗本數幀爲祠庫及宗人所藏意亦從眞蹟嚮搨廓填而出者僞迹顯然今不著錄

又按庇亭公舊有墨蹟冊子烏絲闌紙本俱自書所作詩厚如梵筴完澤如新鄉爲鄉人馮大令城方山所藏大令子貳尹長

庚懷祖以歸吾族監生光宇傳其子教諭庭森等道光末教諭弟某迺失之今不可跡矣

嘯峯公元英墨蹟詩卷紙本高一尺有五分長二尺八寸五分二十行行書有槎山陳氏祕笈書畫之印十字白文印有碧樓二字朱文印完好進士次琦家藏

熟食日坐鏡機堂餉陳雨若

淰淰苔侵榻涓涓屋響泉愁人春似夢澤國雨爲年筆冢生前債餅笙靜後禪何當雞黍局斗室話閑緣往雲淙公亦有此堂

賓客殊盛

蘊眞山房次韻三首

久停風中絃復罷池上酌竟日無希聲但聞松子落　爲

耽刻燭吟擬展論文酌解事惟白衣敲門送桑落 幽人寡送迎淺醉罷餘酌隱几眠一不知手中書自落 丁酉清和月朔日書時年七十有一 元英 有朱元英印四字朱文印澂脩二字白文印

嘯峯公 元英 墨蹟小卷 紙本高七寸七分長二尺一寸六分十四行行書完好進士次琦家藏

日落郵路黑前郵人語稀幾家深樹裏點火夜漁歸 日暮片帆落江郵如有情獨對沙上月滿船人睡聲 前山風雨涼歇馬坐垂楊何處芙蓉落南渠秋水香 露滴清音遠風吹故葉齊聲聲似相接各在一枝棲 元英 有朱元英印四字白文印嘯峯二字朱文印

嘯峯公 元英 墨蹟詩幅 紙本高七寸一分闊六寸五分六行行書損剝同知福元家藏

紫閣飛花拂水涯缺二字今復下瑤池桃青缺二字紅字缺實松

缺三字綠染枝傍暖離英穿藥字難辨深秋楚畹對靈芝字難辨

同待芳辰滿色照庭階上玉肌華此字原添注上文所失落者朱培

有朱培泓印四字白文泓印澄脩二字朱文印

謹按嘯峯公原名培泓見宗支譜詩蓋為

黎州守春曦母介壽作淨燠公庇亭公俱

存有墨蹟詩卷見上公其時則未改初名

也

北渚公順昌墨蹟立軸紙本高四尺二寸闊一尺有二分四行行書完好藏家祠

遲迴悲野外荏苒滯江關遠岫雲中樹斜陽雨後山世情

何處澹藥債隔年還不為憐同病逢人强破顏　朱順昌

原無印記

北渚公順昌墨蹟立軸紙本高二尺八寸五分闊九寸五分三行草書完好監生光宇家藏了教諭庭森世守

橫江館前津吏迎向予東指海雲生郎今欲往緣何事如此風波不易行為二字洗去詞姪順昌有朱順昌印四字白文印北渚二字朱文印

失名水墨牡丹扇面淡金箋紙本高四寸六分闊一尺四寸四分粉墨褪落勵存筆格而意致疏古氣韻生動允屬士流超詣題款在左角亦勵辨似字懷玉字詞字迺懷玉公晙故物相傳昆仲輩為公作此殆攢雲公樵白岳公完之遺筆歟今為進士次琦家藏

人名三字脫似懷玉字脫二詞字脫下似有詞印然不可辨

遠公公厓山水扇面泥金紙本高四寸四分闊一尺三寸一分題款在上方行書完好監生汝浩家藏

壬寅七月作此奉送　荃兄鄉歸時同客舍西山弟朱厓

有朱崖二字朱文印

嘯峯公元英墨竹立軸　紙本高三尺四寸闊九寸九分完好教諭庭森家藏

庚子上元畫於晚香草廬　朱元英題字及署款行書有朱元英印四字朱文印徵脩二字白文印

嘯峯公元英墨竹立軸　紙本高三尺四寸闊九寸九分完好教諭庭森家藏

庚子上元每以塵事勞我忽爕孫　雍三攜此片紙索余作此墨竹聊舒一時之興始覺春光在眼耳七十四老人

朱元英　題字及署款行書有朱元英三字白文印徵脩二字朱文印

嘯峯公元英山水立軸　紙本高三尺六寸四分闊一尺二寸一分完好進士次琦家藏

癸卯上元畫　元英　有朱元英印四字白文印徵脩二字朱文印

嘯峯公元英山水立軸綾本高三尺六寸四分闊一尺一寸三分微蛀損進士次琦家藏

朱元英印有朱元英印四字白文印徵脩二字朱文印

嘯峯公元英山水立軸綾本高三尺六寸四分闊一尺一寸三分微蛀損進士次琦家藏

朱元英印有朱元英印四字白文印徵脩二字朱文印

嘯峯公元英山水立軸紙本高三尺七寸七分闊一尺一寸七分上方空白題字處微蛀損殘剝畫完好

廬岳雲中危磴遠脫字谿橋畔故人來嘯峯元英畫題字及署款行書有朱元英印四字白文印徵脩二字朱文印

嘯峯公元英山水立軸紙本高三尺七寸三分闊一尺有二分微蛀損署款鈐印處似有剜割痕非蛀損穿穴

嘯峯公元英山水立軸紙本高三尺三寸一分闊一尺有二分上方空白題字處多蛀損殘缺畫完好

數字作似人名數　元英有朱元英印四字白文
脫　作似字脫　元英印瀲脩二字朱文印
嘯峯公　元英山水立軸紙本高三尺四寸三分闊一尺一寸六
分上方中左角全剝缺畫完好以上四
軸似同時畫分春夏秋冬四時景
俱職員祥光家藏子兆鼇世守
脫四谿路晚脫四嶺頭春脫一　英題字署款俱行書白文
字　字　字　英印脫去存瀲脩二字朱
文
印

附錄陳文忠公　子壯墨蹟手簡冊原紅簡紙本藏久變茶褐色
手簡七通長短不齊舊贉池
時裝爲十幅幅高五寸六分至七寸四分闊六寸至六寸六分
不等合十幅爲一冊總九十七行合空白計九十八行皆行書
文忠我所自出生長外家厥後匡扶國難糾起義師亦在吾族
故前後與諸舅氏及中表昆弟簡札特多兵燹零落又閱二百
餘年猶存此冊爲吾家寶重諸簡情文鬱至楮墨如新韓子所
謂讀其書知其於忠孝最隆也乾隆中傳文學景園公福今爲
進士次
琦家藏
前有笑覗前遊樵頓隔一世界矣　子潔尊表揚卷精銳
闕文

有餘而運筆畧欠靈活意謂孤經亦可以入彀乃造物磨弄若此願　舅氏訓禮之暇更加勉勵陳字缺三牘不竟爲公車令驚詫乎字缺三歸附一緘致　賀諸惟　鑒原幸甚

三月朔日子壯再頓首

謹按文忠官翰林時吾家烈愍公實蓮未冠中天啟元年辛酉鄉試第三人壬戌會試未第此蓋其南歸時文忠附書於舅氏箕作公疇者若後此會試則文忠蚤於甲子爲浙江考官發策刺閹削籍歸矣

初入里門猶如夢寐家慈破涕爲歡備述　舅氏垂念注問之殷感刻何似讀　大作青詞言言眞愛神之聽之終

和且平勝同列十道揀章也區熙仲兄至都時甥已俶歸
裝而猶及接　手教與　二位尊表書札未能致　九如
之觴僅從武林乞薦紳數輩祝言恐舟人不便帶送容耑
圖申致耳疏刻暫附　覽　尊表榮發何時可獲五年相
晤乎　大舅爻三舅爻煩先道一聲幸幸　甥子壯再頓
首　左慎二字在書名後一行下方二字後又留空白一行
謹按明史文忠本傳帝以海內多故思廣
羅賢才下詔援祖訓郡王子孫文武堪任
用者得考驗授職子壯慮爲民患立陳五
不可會唐王上疏歷引前代故事詆子壯
遂除子壯名下之獄坐贖徒歸又南疆繹

又以爲崇禎八年事

鄉闕郵報稀漏竟不審　德清解任何似嗣得　舅父歸耗畧知　功令所指然聞徵額旋亦報足雙鳥雖暫縶乎上有　聖明之鑒裁下有司計之平準當無深慮且塞翁之馬安知失不爲得也　舅父雙尊辭子舍而閉關舟楫將無稍勞幸已入里閭　起居適妥褒况漸寬　京邸好音昕夕且至愚甥棲遲一邸不能奉侍家慈問渡趨　候惟有三祝　加餐耳承　示政錄備悉甘棠遺思謝謝使促告旋草此代布不盡依馳　甥名肅正東

謹按三朝野紀崇禎十三四年蘇松常鎮四府皆大旱蝗蟲食苗民皆告饑浙西三

府又大水爲灾一望漂溺漕儲缺額征比無從而湖州一府尤甚十四年七月浙撫參德清崇德兩縣尤遲兌誤漕時政府方尙嚴急遂奉旨差緹騎拏解兩縣印官崇德令趙夔自縊死德清令朱實蓮逮至京下獄擬罪時漕事亦已報竣實蓮因具疏陳地方荒苦狀始得釋罪調用按明史列傳　欽定勝朝殉節諸臣錄

御批通鑑輯覽唐桂二王本末俱未載烈愍公賑荒被逮事　欽定古今圖書集成氏族典本傳秪云授德清知縣値歲

荒捐貲賑濟活衆甚多尋陞刑部主事轉戶部郎中亦未詳其提問詔獄省郡邑各志書本傳畧同得文忠此簡尤足證明徵信

又按陳文忠公行狀爭宗室授官下獄得釋上疏謝恩取道南還閉雲淙別墅於城北白雲山中奉母以居故此簡有棲遲一邱不能奉侍家慈問渡趨候語

歲序更新具諗　福履山中之人以疏　候爲罪前家慈重承　公貺辭曰介壽不敢不拜茲一芹之獻自媿輶褻惟　舅父笑納幷　指示蒼頭代致鄙忱幸甚臨楮翹注

甥子壯再頓首

昨承　舅父手教讀　冬春吟忠孝之理一篇中三致意焉甚矣詩之善入人也二小犬夙患驚癇比來纏綿殆不可保今稍幸藉　庇尙須培養眞源犢愛牽懷殊不解脫　尊者垂問之及感刻曷勝以至稽報當得　見原之也近事以左帥不能束兵騷擾江楚又值三農望雨米價頓騰遂爾訛言繁興皆乘閒思亂者所爲自有綢繆要領耳因風布　謝率及此統惟　尊炤之　甥子壯再頓首

五舍弟初歸自潮幷此致謝此十一字原旁注在昨承二字下方

謹按吳忠烈公鍾巒冬春草序吾友子潔氏令海溪著循廉聲忽詔獄尋詔釋之還

其官所撰冬春草言孝言忠言仁令讀者流連嗟歎而不容已因以知其心焉鄉志烈愍公本傳公被逮慷慨就道吟詠盈帙憂時憫事之懷見於言表皆足與簡中語相證明

又按陳文忠公行狀廣東通志南海縣志公三子長上庸次上延次上圖此簡云二小犬夙患驚癇當是次子上延也又曝書亭集稱陳五子升知簡中五舍弟云云即陳子升矣

又按簡中謂左帥不能束兵騷擾江楚據

明史左良玉傳崇禎十五年開封既亡自成無所得遽引兵西謀拔襄陽爲根本時良玉壁樊城大造戰艦驅襄陽一郡人以實軍諸降賊附之有衆二十萬然親軍愛將大半死而降人不奉約束良玉亦漸衰多病不復能與自成角矣自成乘勝攻良玉良玉退兵南岸結水寨相持以萬人扼淺洲賊兵十萬爭渡不能過良玉乃宵遁引其舟師左步右騎而下至武昌從楚王乞二十萬人餉曰我爲王保境王不應良玉縱兵大掠火光照江中宗室士民奔竄

山谷多爲土寇所害驛傳道王揚基奪門出艮玉兵掠其貲斧及其子女自十二月廿四日抵武昌至十六年正月中兵始去居人登蛇山以望叫呼更生曰左兵過矣艮玉既東自成遂陷承天傍掠諸州縣當是時降兵叛卒卒假左軍號恣剽掠蘄州守將王允成爲亂首破建德刼池陽去蕪湖四十里泊舟三山荻港漕艘鹽船盡奪以載兵聲言諸將寄帑南京請以親信三千人與俱南京諸文武官及操江都御史至陳師江上爲守禦士民一夕數徙商旅

不行都御史李邦華被召道湖口草檄告艮玉以危辭動之而令安慶巡撫發九江庫銀十五萬兩補六月糧軍心迺定是其事也

昨 尊駕臨省未遑過 謁一展缺字升缺字之慶至今耿耿或可邀 慈原乎小疏如沙中鴻爪偶爾刻畫再承見存謹以二本附 上家弟小兒試文纔可成句當是文宗破格造就耳不足灾木也容命其清謄請 正聊報不盡 甥子壯再頓首

謹按薛始亨撰陳子升傳南海縣志陳子升字喬生號中洲年十五應童子試郡司

李顔公俊彦行太守事嘗其文拔冠一郡目爲十六邑之奇童遂補郡弟子員旋食餼舉明經第一終官兵科右給事中才名最著著有中洲集又陳文忠公行狀明史列傳欽定勝朝殉節諸臣錄廣東通志南海縣志陳子壯長子上庸幼英邁絶人早補諸生官兵部職方司主事殉節年二十七贈太僕寺少卿簡中家弟小兒試文纔可成句云云當即其始進學時語

山中得奉手教即趨歸見邸報云云想係近日所傳聞也大約北來者以需索爲奇貨故閟不示人然近事想不

外此至人言紛紛尤不足信耳弟杜門不晤當道浙中新聞尙容確探以　報　舅父母迪吉目下自有佳耗且勿過爲　馳念如何草復不多　弟子壯再頓首 以上俱據採訪册脩

若夫石墨鐫華足備金石家掌故尤古人所眘重今輒采取先世遺蹟著錄大凡其墓碣一類已附見墳塋譜者不復複出至於公鼎侯碑誌隧表阡幽厓邃谷大書深刻限於耳目莫竟搜羅若斷止前朝不登　昭代又金石家通例也

明壽官裕齋朱公行狀石碣 綱庵公讓撰 萬歷十一年　正書

明壽官裕齋朱公行狀

公諱廷華字國用號裕齋於讓爲叔祖同出南雄珠璣巷宋季始遷南海之九江上沙里曾祖稅達祖南旺父仕和

母潘氏生公兄弟三人長絅齋叔祖任靈川訓導公其仲也初訓導公卒於官寡嫂伶俜季弟缺字事無鉅細皆咨於公讓外祖母潘於公母太孺人爲女兄弟讓早失怙公以太孺人故字吾子母致有今日皆公之賜也公性寬厚缺二字以二親早逝缺五字不浪浪涕下至其誠以遇人和以孚族敬以享賓恩以御僕咸稱公長者里中解紛恤難惟公是歸二子缺二字登科缺六字克振斯食德之報矣尙書古林何公通政右應是石字誤刻右溪倫公若諸名流於公之壽皆哆贈言從孫諸生缺二字之常缺二十餘字至恩字跳寫恩授冠帶鄉里並榮之以公齒德克缺二字公生於成化十九年癸卯九月初九日酉時終於嘉靖缺字十七缺二字午七月十六日巳時

享年七十缺二字娶同里壽官陳琛之女生於成化二十二
年丙午九月初九日辰時卒於嘉靖七年缺三字月缺字十四
日申時享年四十有三繼安人龍山陳氏生於弘治六年
癸丑九月二十四日卯時卒於隆慶缺二字辛未三月初缺六
字七十有九並以淑德贊公云先陳安人生男缺字長紹禛
先公卒娶大同陳嘉言次女次紹旦娶知縣陳莊缺字女缺九
字孫男五孫女四曾孫十餘隆慶元年十二月十缺字日巳
時次男紹旦孫學益等奉公合先安人葬于缺十五字二月二
十四日未時孫孫學益等又奉繼安人陳氏窆公墓左讓官
金陵從弟益慮先德弗彰囑述行狀缺十六字並撰誌表缺字采
焉　賜進士第承德郎南京戶部河南清吏司主事從孫

讓端肅頓首撰

萬曆十一缺字歲次癸缺字二月二十四日丁未孝孫學益學業學猷學勤學健曾孫儒彬儒蘭儒相儒桂儒校儒標儒柄儒椅儒楷儒松等泣血立石

右在鶴山縣黃寶坑默桂山裕齋公墓據採訪冊脩

謹按此碣無書人姓名是否即絅庵公所書未知其審

惠民寶碑額絅庵公讓書萬歷十一年篆書

南海周侯重建惠民寶記

右在九江堡惠民牐上據南海縣志脩

謹按此碑爲陳參政萬言撰陳郡丞良珍

書周侯南海知縣江夏周文卿也

葉春及逃菴銘　白岳公完書　萬曆五年　八分書

葉子遷賓州守倦游至竟上書乞骸骨歸廣西巡撫郭應聘劾守春及逃兩廣提督殷正茂劾如郭奉詔削爲士伍臣春及頓首世之塵垢欲逃久矣天地囿我陰陽縛我臣安逃哉逃於羅浮之間無所往矣四百三十二君聞之邀於石洞築逃菴以居遂不復出萬曆丁丑　南海朱完書

右在羅浮山石洞　據羅浮山志廣東新語粵東文海參脩

謹按羅浮山志廣東新語粵東文海等書葉春及逃菴銘在石洞洞左有石如砥方廣丈餘南海朱完隸書鑱之字大六寸許

至今猶存按銘末題萬歷丁丑丁丑爲明神宗萬歷五年白岳公卒於萬歷四十五年年五十有九上溯丁丑裁十九歲疑石刻未必定爲是時所書或後來補刻特仍原文書寫不復重出年月爾金石家亦有追書舊文之例唐御史臺精舍碑銘題中書令崔湜任殿中侍御史日纂文開元十一年殿中侍御史梁昇卿追書

郭景純像讚 白岳公完書 萬歷十七年 八分書

史臣曰景純篤志綈緗洽聞彊記在異書而畢綜瞻往滯而咸釋情源秀逸思業高奇襲文雅於西朝振辭鋒於南

夏爲中興才學之宗矣　唐太宗讃　朱完書

右在靈洲小金山據南海縣志脩

謹按南海縣志云碑刻在小金山萬歷十七年東吳顧文耀立石劉克治讃劉克平述行槪朱完書晉書讃端州梁嶠刻考晉書題御撰以王羲之傳讃爲唐太宗筆耳應云陸機王羲之傳讃祇兩王羲之似漏此碑錄晉書讃迺稱唐太宗撰殆未考也

良二千石坊白岳公完書萬歷三十二年正書

良二千石

右在九江大洲惠祠據採訪冊脩

謹按㒧二千石四字牓書字高一尺五寸似正似分古所謂隸楷體也蓋刱築中憲祠建坊時所書坊見祠宇譜坊表類

帝觴百神之所石刻白岳公完書

萬歷四十年入分書

帝觴百神之所六字居中字高一尺許　有明萬曆四十年五月五日十一字居中之右傍桐城劉肖昌檢勒南海朱完書十二字居中之左傍字俱高五寸五分許

右在七星巖大巖口據欽定古今圖書集成山川典楚庭稗珠錄廣東金石畧七星巖志參脩

謹按楚庭稗珠錄崧臺在洞內洞門絶壁高可十餘仞大書帝觴百神之所旁刻李

北海記又廣東新語謂七星巖歲久石長摩厓篆刻皆淺多所漫滅李北海書景福二大字在巖口微有畫痕其深不能指許矣山以石爲骨其生氣盛則骨長所在皆然今按帝觴百神之所石刻獨完整廉鍔如新發於硎亦奇

韡韡洞石牓 莘稈公田書 年月缺 行書

韡〻洞

右在九江大洲 據九江鄉志採訪冊參修

謹按韡韡洞[illegible]莘稈公家園詳祠宇譜園亭樓閣類今[illegible]石牓高八寸六分闊二尺

七寸字高五六寸第二韓字秖作兩點按複字下一字旁寫作二始見岐陽石鼓文而漢碑因之二王及六朝人眞行草體書帖遂亦沿作兩點此並用之牓書耳

有斐堂石鑪刻字淨澳公伯蓮書崇禎十四年正書

有斐堂三字橫勒字高九分有奇崇禎辛巳孟夏孫伯蓮置十字橫勒字高六分

右在九江大正坊南塘祠據採訪冊脩

謹按鑪重二十四觔十二兩高四寸八分口徑七寸三分口圍二尺三寸腹圍二尺六寸耳高三寸身耳俱厚一寸三分蠟黃石製大洲林坡祠石鑪一形制不殊而高

徑畧殺意同時置造然無款識可稽

又按存著堂存銅鑪一舊藏宗祠祠庫鑪形制仿周鼎有蓋蓋久亡佚重八觔八兩高五寸六分口徑四寸五分口圍一尺四寸七分腹圍一尺五寸七分耳高三寸三分身厚二分耳厚六分三足足銜饕餮頭製作精古相傳明代世守之物惟表裏通無款識金石家義例器無款識者不著錄故附誌於此

附錄處士朱林坡先生祭文石碣 萬歷二十六年 正書

惟萬歷二十六年歲次戊戌十一月望日眷晚生雲南澂

江府知府關學尹永昌軍民府知府易道源湖廣永州府
同知陳良珍黃州府通判譚師孔廣西鬱林州知州鄧瑨
國子監典簿陳宏乘監生羅應日等謹以清酌庶羞之奠
致祭於處士林坡朱老先生暨夫人鄧氏太君之墓曰猗
歟先生粤嶠儲精暨彼太母紫水孕靈佩溫恭而允塞抱
柔順而利貞謇孝友之天植羌和敬之夙成聯翩結駟冠
蓋盈庭四德百行婦順章明蚤娛情於豹隱著美譽於雞
鳴允矣清時之耆彥凝然閨閣之儀刑稟太和之醞釀宣
俊乂之篤生遙遙華胄奕奕雲仍若溪雪水通守馳聲夔
府巴郡剖竹專城銀黃銅墨象簡珠纓春秋兩舉騰茂蜚
英或貢於雍或籍於黌莘莘麻列幾輩橫經楩枏豫章培

植於數十年後可棟櫄闕雕甍鴻濤巨浸溯流於數千里外出自禆海蓬瀛覩華嶽之庥蔭思萬仞之崢嶸盼滄溟之委潤思九派之泂瀠考奕世載德之閥閱孰非賢祖妣之遺馨尹等竊父執於冢震辱締好於麟孫託蔦蘿於松柏接里閈於藩垣高于門之駟馬羡郭族之鵬騫勒貞珉於雁山之左樹華表於黃塘之原鐫孝思之惟永屹虎踞而雲屯儼鄉邦之喬木寄一奠於芳蓀尙饗

右在鶴山縣及洲村黃塘山林坡公墓據採訪册脩

附錄奉議大夫南海朱公雙壽記石碣崇禎十年正書

標題一行

剝損難辨

洪範之疇五福首言壽齊公見麥邱老人問其字缺二逾耋

矣公曰美哉壽願以子之壽匕寡人夫千棄之君動色於山谷胡考之字缺信缺二字爲造物所祕不可幾倖獲也如羊城朱公湛一先生偕其元配孺人曾太君比德齊年並調大耋詎非焯絕尤異者哉先生弱冠以禮經儁於鄉缺三字筮仕兩邑令州守歷贛州郡倅所至輒樹循蹟勒石言用骯髒不偶投紱歸徜徉白雲山社且十五年遂躋上壽而家嗣君與余從事庭節官缺二字所以稱觴兩大人者同寅諸子大夫絡繹奔會爭餙詞命介瀝爵其言人人殊屬不佞擇而荐焉夫人情莫不欲壽而鹿鹿與草木同腐名湮滅不彰奚稱焉先生宦楚蜀滇黔暨南贛諸險阸地歇歷卅年閱所在致身蔑不奏保障之勛著神明之譽顧又無

少緇湼棄官歸之日槖裝枵如至無以供滫瀡扳輿卧轍戀若慈親倏歛其無盡之用歸而循遂初卷舒猶龍其盛一也夫人壽矣未必有賢子孫先生蘭玉環映長器嶽匕以名宿荐公車今且起草明光轂丹朱而綬青紫仲子貢膠庠雋譽諸孫皆鸞翔鵲起鄰侯之架長吉之囊北海之尊以洎艸度之墨莊摩詰之藍墅無不騰軼超著冠絕流輩譚粵東文献甲族者爲屈一指其盛二也大塊佚我以老頋又聞多壽多勞世不乏以年爲戚者先生自稀齡迨耋以還不策扶老不凭養和不效世人呼吸行氣斷穀燒石服諸草木鳩久視之方而且賦就閒居吟成醉白計相蒼百齡嗽乳劉伯壽吹篴登嵩端可參操響荅其盛三也

公又禔躬範俗爲政於鄉陳太邱表正樹亭王彦方勸誘操準所規揤無非白利除害解紛息爭事更行宗子法豐祭田重儒訓嚴月課以修諸子姓之孝弟力田者意亦師倣希文稚圭睦族教家祇承勿墜乎所趨操詎止閭左無過書公府無溷牘而已其盛四也乃吉祥駢集者魚軒賢德業已白首相莊而曾太君所黽勉鞠育以終事大家拮据婚嫁嗣美纅緗者雖內範之鍾郝傳經之宣文抑何以過是哉偕老麗眉宜言飲酒干祿百福湛流無窮易有之雲上于天需君子以飲食宴樂詩曰不戢不難受福不那夫福何難之有其盛五也世之譚壽者窮其至歸之於仙多近誕妄不可信政使果有之巢逢壺（應是蓬壺誤刻逢壺）而凌倒

景歸爲語鶴城郭是人民非所與言皆會玄雲耳無有能
知其凡者愁如惸睽不尤倍蓰於人境乎何如兩翁媼隤
祉得全高堂雙止子孫從吉不仙亦仙備箕疇五福之錫
爲愉快也抑余更有以進先生語稱高才無貴仕又云廉
吏不可爲故仲弓大位未登伯周厥後不著而先生歷棲
鸞鳳嗣子接武麐騶常自教兒轂實並楙乃嗣君方當追
蹟紀諶鄉（應是卿字誤刻作鄉）月溶暉所謂御二龍於長衢騁騏驥
於千里文苑循吏堪兩爲先生立傳垂詔後茲兩翁媼受
茲介福蓋未艾也
今天子明聖方衍無疆之歷貴老尚賢氣象精明翁媼盍
就養

輦下行膺安車蒲輪之徵執酳袒割，憲而乞言於以昭人

倫之上瑞標延歷之徵徵不且愈於星雲麔鳳什伯乎今

遥儀翁媪進是觴也請以翁媪之壽壽

今天子先生闓若説諒亦親上爲忻輾（應是囅字誤刻作輾）然引滿

坐領諸寅大夫之爵　崇禎丁丑孟夏吉旦

賜進士出身資善大夫總督倉場戶部尚書通家侍生李

知遇（應作遇知移寫偶誤）蓋　頓首拜撰　賜進士出身通議大夫戶

部右侍郎通家侍生吳國仕頓首拜書　通家晚生司務

李汝標照磨李光宥簡校盧欽度郎中趙清衡涂有祐杜

齊白、秦樂天張志瑄楊永清（缺名）樊師孔韓國楨楊振龍周

之茂陳堯典王徵俊（缺二字）鑑雷起龍李新楊相王珉李五

美劉啟新缺名員外麻如蘭亓之偉郭時亮索榮衮孫壁顧

起貞劉大猷黃祖年戴城張允掄賈必選黃錕陳箴劉夢

謙主事吳載鼇王道爵吳艮謨向列星李軫曹心明張湖

張文煇缺名馮之圖缺名雷應乾孫謙孫謀李升吉李延余自

怡缺字二術吳正已缺名潘士彥缺名唐勳缺名時方昱鄭儀鳳汪

國士杜時髦張允字缺杜嘉慶康萬艮李鳳鳴缺名田首鳳缺名

楚煙缺名許成楚趙猷素林文蔚戴英于崇慶戴明說戴可

宇缺高崇穀缺名程之鵬缺名李峻禎缺名汪秉忠甯承烈張儉王

士章江一章林佳鼎潘諱呂升第缺名羅國華缺名楊通寰缺名

仝頓首拜

右在九江馬山湛一公墓據採訪冊脩

謹按李知遇明史七卿表欽定勝朝殉節諸臣錄陝西通志等書俱作遇知是刻獨作知遇其爲移寫上石時誤筆顛倒無疑

附錄家藏關聰施捨石碑 元祐元年 正書

弟子關聰同妻范代氏字誤筆類代類伐四娘捨捨下一字當石斷處模糊難辨一所乞合家人口平善安樂元祐元年記

右在九江西方太平約始祖祠據南海縣志採訪冊參脩

謹按嘉慶末族監生曉崖公光宇濬池於龜山趾古上沙故壤獲此碑不知何時中斷爲二原石高四尺七寸三分闊九寸七

分厚四寸淺麻栗色質極堅頑刻文二十有八字作一行直下字大小參差不一大者至二寸一分小勵六七分古拙可玩闕聰善三字俱從俗省氏字誤刻代尤乖形制或讀作代代非是考吾粤金石光孝寺南漢大寶鐵塔刻款內侍監上柱國龔澄樞同女弟子鄧氏三十二娘光孝寺宋咸平鐘刻款弟子（子字下一字缺）季遷同慈母李氏二十一娘文與此同知不得作代代也

又按南海縣志金石畧關忠捨地記元祐元年弟子關忠同妻范氏四娘捨所乞合

家人口平善安樂右石刻在九江堡道光
某年朱某濬池得石長四尺二寸廣九寸
中斷而文未損今石藏監生朱光宇家云
云茲覈對原碑志文譌謬殊甚全文廿八
字脫成廿五字一誤也元祐元年字首尾
顛倒二誤也聰譌作忠三誤也一所脫去
一字反將所字屬下讀成所乞四誤也捨
下一字石已剝損然既稱一所則非捨地
可知今迺硬題捨地五誤也至獲石人名
年代及原石脩廣尺寸俱爲未覈今一一
駮正

科名仕宦時有先兆唐宋以來篇籍所載不可勝紀絅庵公諱登萬歷甲戌進士場前夢墮蠶叢中緣衣襞皆滿後出守夔州古蠶叢地也治夔三年以天下知府治行第一賜璽書褒美徵入覲行大用矣還至公安偶疾憩驛亭感前夢喟然興歎遽移病歸林下十六年中外交薦朝命敦迫卒不復起據四川通志廣州鄉賢傳

世紀參脩

厚齋公宗元髫齡食餼然以貧故未昏即就館於族兄廩生東暘公燮元家東暘爲四古公國材子世擅舉業名厚齋又其講授弟子也康熙乙酉元旦東暘公夢數人舁文魁匾賜門人氣勢洶洶不能辨名字而光烱四射奪目爛然覺而喜甚時語人曰今科鄉人士當有命中者不出吾族矣間阿誰笑而不畣蓋

自許也榜發厚齋公竟魁選據採訪冊脩

白岳公完與劉道子克平交莫逆劉蚤逝萬歷丁未燈夕公與友人飲酒召箕一友問何不嘑劉道子偕來箕書道子受命適兄代作閶闔賦迎新狀元友問狀元何人箕書小子躁言追放榜爲隣鄉黃玉崙先生據九江鄉志脩

辰階公堯勳館河清時年二十五方應童子試同學有爲扶鸞之戲者箕筆飛舞自稱蘇子瞻於是坐客紛紜各有所叩公亦端肅致辭某於名場寧有幸虖箕大判曰爾欲取功名須讀我文章公復言先生集浩如煙海不知疇者合奉揣摩又判曰十字不必認眞杜門三十也成名眾不能解後三載始補邑庠又二十三歲至道光庚子漢軍楊太史能格杭州高侍御人鑑來

典試公獲雋首題爲子貢問爲仁一章公十年前夏課冠軍作也緣平昔賞心錄之不更一字竟符箕語據採訪冊脩

代遠族蕃生卒年歷原難備錄康熙舊譜錄至五世而止蓋特因七世龜臺公萬歷初譜所有者纂入康熙丙申譜凡例龜臺公舊譜凡藝文墓銘生終一概書之逮國初勵逾百年而已不能續矣迺雖不能嗣事爾舊有者仍敬謹護持悉登諸冊春秋之義著以傳著蓋其愼也今亦一仍其舊畧爲訂誤附於末篇

三世

寅齋公宗亮生於洪武九年丙辰終於宣德七年壬子壽五十有七配馮氏生於洪武十年丁巳終於正統六年辛酉壽六十有五

存誠公明裕　生於洪武十八年乙丑終於天順六年壬午壽七十有八配盧氏叄喪失其生年終於永樂十九年辛丑繼葉氏生於洪武二十八年乙亥終於成化四年戊子壽七十有四

伯呂公仲裕　生於洪武二十年丁卯終於宣德三年戊申年四十有二配左氏生於洪武二十年丁卯終於成化三年丁亥壽八十有一

隔川公南田　生於洪武二十三年庚午終於天順二年戊寅壽六十有九配馮氏生於洪武二十五年壬申終於正統五年庚申年四十有九繼何氏生於永樂十七年己亥終於成化二十一年乙巳壽六十有七庶潘氏生於永樂五年丁亥終於成化十九年癸卯壽七十有七

四世

誠男公昌生於宣德六年辛亥終於成化二十三年丁未壽五十有七五字丙申譜脫今補配葉氏生於宣德六年辛亥終於成化五年己丑年三十有九繼嚴氏生於正統二年丁巳終於成化十九年癸卯年四十有七

方塘公妙平生於宣德三年戊申終於宏治十年丁巳壽七十配周氏生於宣德十年乙卯終於宏治十四年辛酉壽六十有七

直庵公毅生於永樂十九年辛丑終於天順二年戊寅年三十有八配曾氏生於永樂十五年丁酉終於成化二年丙戌壽五十

南塘公仕清生於正統九年甲子終於宏治八年乙卯壽五十有二配潘氏生於正統六年辛酉終於嘉靖元年壬午壽八十有二

月塘公仕和生於正統十一年丙寅終於宏治十二年己未壽五十有四配潘氏生於正統十一年丙寅終於宏治四年辛亥年四十有六繼梁氏生於成化十八年壬寅終於正德十二年丁丑年三十有六

前塘公仕志暨配黄氏生終年壽見墳塋譜本墓誌

謹按康熙丙申譜載前塘公暨黄安人年歲俱誤當照墓碑更正辨正見家傳譜黄安人傳後

五世

蒙庵公光生於正統五年庚申終於宏治九年丙辰壽五十有七配關氏生於正統七年壬戌終於宏治十六年癸亥壽六十有二

林叟公章生於正統十四年己巳終於嘉靖二十四年乙巳壽九十有七

靜臺公廉終於成化十七年辛丑生年原鈌配何氏終於宏治十三年庚申生年原鈌

北莊公貴生於景泰五年甲戌終於宏治十八年乙丑壽五十有二配曾氏生於景泰二年辛未終於宏治元年戊申年三十有八繼夏氏生於成化七年辛卯終於嘉靖三十五年丙辰壽

八十有六

謹按曾安人年三十八康熙丙申譜作三十七誤

遁齋公正生於成化七年辛卯終於嘉靖六年丁亥壽五十有七配陳氏生於成化八年壬辰終於嘉靖二十四年乙巳壽七十有四

東昇公傑生於成化九年癸巳終於嘉靖二十六年丁未壽七十有五配梁氏生於成化二十年甲辰終於嘉靖四十二年癸亥壽八十

秋圃公實生於天順元年丁丑終於嘉靖十一年壬辰壽七十有六配關氏生於景泰七年丙子終於正德七年壬申壽五十

有七

謹按正德七年壬申康熙丙申譜作六年誤

秋澗公瓚　生於景泰七年丙子終於嘉靖二十年辛丑壽八十有六配張氏生於天順七年癸未終於嘉靖十九年庚子壽七十有八

謹按秋圃秋澗二公為同母兄弟舊譜載秋圃生於天順丁丑秋澗生於景泰丙子弟長於兄一歲秋圃公見有墓碑可據其為生於丁丑無疑惟秋澗公生年無考舊譜於此當有舛誤

國信公瓛生於天順二年戊寅終年原缺

崑山公環生於天順二年戊寅與國信公孿生終於嘉靖六年丁亥壽七十配周氏生於天順四年庚辰終於宏治二年己酉年三十繼左氏生於景泰五年甲戌終於嘉靖十二年癸巳壽八十

淮庵公珍生於天順四年庚辰終年原缺

玩峯公璧生於成化四年戊子終於嘉靖十一年壬辰壽六十有五配關氏生於成化十一年乙未終於隆慶三年己巳壽九十有五

陳江公珊生於成化八年壬辰終年原缺

荔莊公敬暨配馮氏生終年壽見墳塋譜本墓誌繼任氏生於

天順四年庚辰終於嘉靖二十年辛丑壽八十有二

謹按康熙丙申譜任誤作壬辨正見宗支

譜宗圖

汝顯公 黼 生於成化十五年己亥終於嘉靖三十二年癸丑壽

七十有五

林坡公 廷昭 曁配鄧氏生終年壽見墳塋譜本墓誌

謹按墓誌鄧安人生於成化三年丁亥終

於嘉靖二十七年戊申壽八十有二康熙

丙申譜謂生於成化八年壬辰終於嘉靖

二十五年丙午壽七十有五誤當以墓誌

爲正

公所公廷安暨配葉氏生終年壽見墳塋譜本墓誌

逸夫公廷哲暨配潘氏生終年壽見墳塋譜本墓表

謹按公生於成化十一年乙未終於嘉靖二十五年丙午壽七十二康熙丙申譜作七十七誤

絅齋公文錦暨配陳氏生終年壽見墳塋譜本墓誌

裕齋公廷葦暨配陳氏生終年壽見墳塋譜本墓誌

樂潮公廷舉生於宏治三年庚戌終於嘉靖二十三年甲辰壽五十有五配張氏生於宏治五年壬子終於嘉靖三十一年壬子壽六十有一

誠齋公廷實生於成化十八年壬寅終於嘉靖十三年甲午壽

五十有三配關氏生於成化十六年庚子終於正德十五年庚辰年四十有一繼黄氏生於宏治十六年癸亥終於嘉靖四十四年乙丑壽六十有三以上俱據康熙丙申譜脩

南海九江朱氏家譜卷十二終